Umwelt-Audit und Umwelthaftung

Manfred Sietz · Wolf Dieter Sondermann

Umwelt-Audit
und Umwelthaftung

Anleitung zur Risikominimierung,
Vorsorge und Produktqualitätssicherung
in der Betriebspraxis

EBERHARD BLOTTNER VERLAG · TAUNUSSTEIN

CIP-Titelaufnahme der Deutschen Bibliothek:

Sietz, Manfred:
Umwelt-Audit und Umwelthaftung:
Anleitung zur Risikominimierung,
Vorsorge und Produktqualitätssicherung
in der Betriebspraxis/
Manfred Sietz; Wolf Dieter Sondermann. –

Taunusstein: Blottner, 1990
        ISBN 3-89367-017-3
NE: Sondermann, Wolf Dieter:

© 1990, Eberhard Blottner Verlag, 6204 Taunusstein
Herstellung: LaserSatz R. Studt, Taunusstein
Umschlaggestaltung: M. Köster, Grafik-Design, München
Druck: Druckerei Dierks, Taunusstein
ISBN 3-89367-017-3

Vorwort

In diesem Jahrzehnt stehen im Vordergrund der Themen für den Unternehmer die Umwelthaftung, die Vermeidung der damit verbundenen Gefahren für den Betrieb und das verstärkte Bemühen um umweltgerechte Qualitätssicherung der Produkte.

Mit dem Begriff "Umwelt-Audit" hat sich in jüngster Zeit ein Instrumentarium entwickelt, das jedem Unternehmen die Möglichkeit einer nutzbringenden Umwelt-Bilanzierung zur Bewertung seiner umweltbezogenen Bemühungen und Neugestaltung oder Fortentwicklung des betrieblichen Gesamtkonzeptes gibt.

Als praktische Hilfe möchte dieses Buch die erforderlichen Informationen vermitteln und praxisbezogene Checklisten für eine anlagen- und produktbezogene Anwendung bieten. Dieser Teil des Buches (ab Seite 37) wurde von Dr. Manfred Sietz bearbeitet.

Im direkten Zusammenhang damit steht der von Dr. Wolf Dieter Sondermann bearbeitete umwelt-juristische Teil des Buches, einschließlich einer Analyse zum Stand der Umwelthaftungsdiskussion (Seiten 15-36).

Für die sorgfältige Texterfassung der Manuskripte und für deren kritische Durchsicht danken die Autoren Frau Tächl-Sietz. Dem Verleger, Herrn Eberhard Blottner, wird für guten Rat, für geduldige Bereitschaft bei der Erfüllung der Autorenwünsche und für die Veröffentlichung dieses Buches gedankt.

Manfred Sietz   ·   Wolf Dieter Sondermann

Inhaltsverzeichnis

Verzeichnis der Checklisten und Übersichtstafeln

Verzeichnis der Abkürzungen bzw. Bezeichnungen

AbfG	Abfallgesetz
AOX	Adsorbierbare, organisch gebundene Halogene
BAUM	Bundesdeutscher Arbeitskreis für umweltbewußtes Management e.V., Hamburg 20
BGB	Bürgerliches Gesetzbuch
BGBl	Bundesgesetzblatt
BImSchG	Bundesimmissionsschutz-Gesetz
BImSchV	Bundesimmissionsschutz-Verordnung
CSB	Chemischer Sauerstoffbedarf
E UmweltHG	Entwurf Umwelthaftungsgesetz
F + E	Forschung und Entwicklung
FUTURE	Förderkreis Umwelt future e.V., Lengerich
GMBl	Gemeinsames Ministerialblatt
LAbfG	Landesabfallgesetz
MAK	maximale Arbeitsplatzkonzentration
NRW	Nordrhein-Westfalen
ProdHaftG	Produkthaftungsgesetz
RGBL	Reichsgesetzblatt
TA	Technische Anleitung
TRK	Technische Richtkonzentration
UMPLIS	Datenbank,Umweltbundesamt, Berlin 33
UmweltHG	Umwelthaftungsgesetz
VDI	Verein Deutscher Ingenieure
WHG	Wasserhaushaltsgesetz

Einleitung, Inhaltsangabe

Auf Grund der aktuellen Diskussion zur Umwelthaftung für Anlagen und Produkte werden zunächst Fragen der Umweltgesetzgebung behandelt und der Stand der Umwelthaftungsdiskussion beschrieben.

Die Umwelthaftungsregelungen (z.B. nach § 22 des Wasserhaushaltsgesetzes) erfordern von den Betrieben ein vorsorgendes Handeln zur Risikominimierung. Hierzu wird das Umwelt-Auditing als Anleitung zur betrieblichen Vorsorge vorgestellt. Abläufe, Checklisten und Umsetzung werden beschrieben.

Das Umwelt-Audit wird nicht nur auf Anlagen und Betriebe bezogen, sondern schließt das Produkt so weit wie möglich mit ein. Auf kerntechnische Anlagen, Betriebe und Produkte wird im Rahmen dieses Umwelt-Audits allerdings nicht eingegangen.

Das Umwelt-Audit ist eine Anleitung zur betrieblichen Risikovorsorge, die auf technischer Ebene einer finanziellen Bilanzprüfung stark ähnelt. Es ist eine "Momentaufnahme" der im Betrieb vorzufindenden Umweltbedingungen und es beinhaltet den Abgleich dieser betrieblichen Umweltbedingungen mit den umweltgesetzlichen Anforderungen:

So kann ein Umwelthaftungsrisiko im Betrieb minimiert und dem Stand der Umwelthaftungsdiskussion angemessen Rechnung getragen werden.

Fragen der Umweltgesetzgebung und Umwelthaftung

Grundzüge der Umweltgesetze

Zwischen 1970 und 1990 wurden mehr als 20 Umweltgesetze erlassen und teilweise bereits mehrfach novelliert, die die Grundlage für das Umweltverwaltungsrecht bilden.

Umweltpolitische Prinzipien

Die Umweltpolitik umfaßt die Gesamtheit aller Maßnahmen, die notwendig sind, um dem Menschen eine Umwelt zu sichern, wie er sie für seine Gesundheit und für ein menschenwürdiges Dasein braucht. Luft, Wasser und Boden, Tierwelt und Pflanzenwelt sind vor nachteiligen Wirkungen menschlicher Eingriffe zu schützen und Schäden oder Nachteile aus menschlichen Eingriffen sind zu beseitigen.

Die umweltpolitischen Ziele lauteten:
- Vorsorgeprinzip
- Verursacherprinzip
- Kooperationsprinzip.

Das Vorsorgeprinzip ist das materielle Leitbild für die Umweltpolitik. Durch die Festlegung von Grenzwerten, z.B. in der Trinkwasserverordnung oder in einer Verordnung nach dem Bundesimmissionsschutzgesetz für Emissionen von Großfeuerungsanlagen, werden die Bedingungen für Bau und Betrieb von Anlagen nach dem Stand der Technik zum Schutz des Wassers oder zum Schutz der Luft gesetzt.

Nach dem Verursacherprinzip werden demjenigen Kosten zugerechnet, der die Entstehung der Kosten verursacht hat. Die Haftung erfolgt unabhängig von einem Verschulden. Ein Unterfall des Verursacherprinzips ist das Gemeinlastprinzip. Danach trägt im Falle der Unkenntnis oder des Unvermögens des Verursachers die Allgemeinheit, d. h. die öffentliche Hand der Gemeinde, des Landes, des Bundes oder der Gemeinschaft die Kosten.

Das Kooperationsprinzip bezieht sich auf die Zusammenarbeit zwischen Staat und Gesellschaft im Bereich des Umweltschutzes. Im Verhältnis zwischen Staat und Gesellschaft soll durch Mitwirkung Betroffener die umweltbedeutsame Entscheidung verbessert und ihre Annahme erleichtert werden, ohne daß die Verantwortungsbereiche verwischen. Eine frühzeitige Beteiligung Betroffener kann dazu führen, daß diese ihr Verhalten freiwillig in einer Weise einrichten, die den Erlaß eingreifender Maßnahmen nicht erforderlich macht.

Aufgrund der einheitlichen europäischen Akte vom 28.02.1986 (BGBl II S. 1102) enthält der Vertrag zur Gründung der Europäischen Wirtschaftsgemeinschaft als Ziele der Umweltpolitik der Gemeinschaft
-   die Umwelt zu erhalten, zu schützen und ihre Qualität zu verbessern
-   zum Schutz der menschlichen Gesundheit beizutragen
-   eine umsichtige und rationelle Verwendung der natürlichen Ressourcen zu gewährleisten.

Das Grundgesetz für die Bundesrepublik Deutschland enthält bisher keine Ziele für den Umweltschutz. Diskutiert wird ein Grundrecht mit dem Inhalt "Jeder Mensch hat ein Recht auf menschenwürdige Umwelt". Wahrscheinlicher ist eine Ergänzung des Grundgesetzes um eine sogenannte Staatszielbestimmung mit dem Inhalt: "Die natürlichen Lebensgrundlagen des Menschen, insbesondere Boden, Wasser und Luft, Tierwelt und Pflanzenwelt sowie der Naturhaushalt genießen den Schutz und die Pflege des Staates."

Wasserhaushaltsgesetz

Das Gesetz zur Ordnung des Wasserhaushaltes (Wasserhaushaltsgesetz - WHG) in der Fassung der Bekanntmachung vom 23.09.1986 (BGBL I S. 1529) dient gemäß § 1 a WHG dem Ziel, die Gewässer als Bestandteil des Naturhaushaltes so zu bewirtschaften, daß sie dem Wohl der Allgemeinheit und im Einklang mit ihm auch dem Nutzen einzelner dienen und das jede vermeidbare Beeinträchtigung unterbleibt. Jedermann ist verpflichtet, bei Maßnahmen, mit denen Einwirkungen auf ein Gewässer verbunden sein können, die nach den Umständen erforderliche Sorgfalt anzuwenden, um eine Verunreinigung des Wassers oder eine sonstige nachteilige Veränderung seiner Eigenschaften zu verhüten und um eine mit Rücksicht auf den Wasserhaushalt gebotene sparsame Verwendung des Wassers zu erzielen.

Im Wasserrecht gilt der sogenannte Besorgnisgrundsatz. Danach darf eine Erlaubnis für das Einleiten von Stoffen in Oberflächenwasser oder Grundwasser nur erteilt werden, wenn eine schädliche Verunreinigung des Oberflächenwassers oder des Grundwassers nicht zu besorgen ist.

Abwasser ist gemäß § 18 a WHG so zu beseitigen, daß das Wohl der Allgemeinheit nicht beeinträchtigt wird. Abwasserbeseitigung umfaßt das Sammeln, Fortleiten, Behandeln, Einleiten, Versickern, Verregnen und Verrieseln von Abwasser sowie das Entwässern von Klärschlamm. Eine Erlaubnis für das Einleiten von Abwasser darf nur erteilt werden, wenn die Schadstofffracht des Abwassers so gering gehalten wird, wie dies bei Einhaltung zumindest der allgemeinen anerkannten Regeln der Technik möglich ist. In über 50 allgemeinen Verwaltungsvorschriften wurden die jeweiligen Regeln für die einzelnen Branchen konkretisiert. Enthalten Abwasser bestimmter Herkunft Stoffe oder Stoffgruppen, die wegen der Besorgnis einer Giftigkeit, Langlebigkeit, Anreicherungsfähigkeit oder einer krebserzeugenden, fruchtschädigenden oder erbgutverändernden Wirkung als gefährlich zu bewerten sind, müssen die Anforderungen der allgemeinen Verwaltungsvorschriften dem Stand der Technik entsprechen.

Zur Ordnung des Wasserhaushaltes werden sogenannte Bewirtschaftungspläne aufgestellt, die dem Schutz der Gewässer als Bestandteil des Naturhaushaltes, der Schonung der Grundwasservorräte und den Nutzungserfordernissen Rechnung tragen und Ziele der Raumordnung und Landesplanung beachten. Für die Abwasserbeseitigung werden Abwasserbeseitigungspläne von den Wasserbehörden aufgestellt.

Nicht erst seit den Folgen der Löschwasserverunreinigung des Rheins durch den Unfall bei Sandoz (1986) wurden besondere Vorschriften über Anlagen zum Abfüllen und Umschlagen wassergefährdender Stoffe erlassen. Danach bedarf es der sogenannten Eignungsfeststellung gemäß § 19 h WHG für Anlagen zum Umgang mit wassergefährdenden Stoffen. Auch hier entwickelt sich ein kompliziertes Regelwerk zum Schutz des Wasserhaushaltes.

Bundesimmissionsschutzgesetz

Das Gesetz zum Schutz vor schädlichen Umwelteinwirkungen durch Luftverunreinigungen, Geräusche, Erschütterungen und ähnliche Vorgänge (Bundesimmissionsschutzgesetz - BImSchG) vom 15.03.1974 (BGBl I S. 721) hat gemäß § 1 BImSchG zum Ziel, Menschen sowie Tiere, Pflanzen und andere

Sachen vor schädlichen Umwelteinwirkungen und, soweit es sich um genehmigungsbedürftige Anlagen handelt, auch vor Gefahren, erheblichen Nachteilen und erheblichen Belästigungen, die auf andere Weise herbeigeführt werden, zu schützen und dem Entstehen schädlicher Umwelteinwirkungen vorzubeugen.

Unter einer Gefahr ist die objektive Möglichkeit eines auf einer unmittelbaren physischen Einwirkung beruhenden Schadenseintritts zu verstehen. Nachteile sind vor allem Vermögenseinbußen, die durch physische Einwirkungen hervorgerufen werden, ohne unmittelbar zu einem Schaden zu führen. Das Gesetz richtet sich vornehmlich auf genehmigungsbedürftige Anlagen. In der 4. Verordnung zum BImSchG sind abschließend die genehmigungsbedürftigen Anlagen aufgezählt, z.b. Anlagen der Wärmeerzeugung, Bergbau, Energie, Steine und Erden, Glas, Keramik, Baustoffe, chemische Erzeugnisse, Arzneimittel, Mineralölraffination und weitere Verarbeitung, Holz, Zellstoff, Verwertung und Beseitigung von Reststoffen und Abfällen, Lagerung, Be- und Entladen von Stoffen.

Die umweltrechtliche Zulassung genehmigungsbedürftiger Anlagen erfolgt nach einem gesonderten förmlichen Verfahren. Für den Antragsteller sind in der 9. Verordnung zum BImSchG Art und Umfang der Antragsunterlagen im einzelnen festgelegt. Der Antrag wird nach Prüfung durch die Genehmigungsbehörde anderen Fachbehörden als sogenannte Träger öffentlicher Belange zur Stellungnahme zugeleitet. Die Unterlagen werden öffentlich ausgelegt mit der Möglichkeit, daß Einwendungen gegen das Vorhaben erhoben werden. In einem Erörterungstermin werden die rechtzeitig erhobenen Einwendungen erörtert. Die Genehmigung schließt andere, die Anlage betreffende behördliche Entscheidungen, insbesondere öffentlich-rechtliche Genehmigungen und Zulassungen mit Ausnahme von Planfestlungen ein. Aufgrund der 12. Verordnung zum BImSchG (Störfallverordnung) haben Unternehmen, in denen umweltgefährdende Stoffe im bestimmungsgemäßen Betrieb vorhanden seien oder bei einer Störung des bestimmungsgemäßen Betriebes entstehen können, die Verpflichtung, geeignete Vorkehrungen zur Störfallvorsorge und Störfallabwehr zu treffen und unter bestimmten Voraussetzungen eine Sicherheitsanalyse anzufertigen. Gemäß § 48 BImSchG wurden allgemeine Verwaltungsvorschriften insbesondere über Immissionswerte und Emissionswerte in Form der sogenannten Technischen Anleitung (TA) Luft oder der TA Lärm erlassen. Die TA Luft vom 27.02.1986 (GMBl S. 95) dient dem Schutz der Allgemeinheit und der Nachbarschaft vor schädlichen Umwelteinwirkungen durch Luftverunreinigungen sowie der Vorsorge gegen schädliche Umwelteinwirkungen durch Luftverunreinigungen. Luftverunreinigungen sind Veränderungen der natürlichen Zusammensetzung der Luft, insbesondere durch Rauch, Ruß, Staub, Gase, Aerosole, Dämpfe oder Geruchsstoffe.

Abfallgesetz

Das Gesetz über die Vermeidung und Entsorgung von Abfällen (Abfallgesetz - AbfG) vom 27.08.1986 (BGBl I S. 1410) dient gemäß § 1 a AbfG dem Ziel, Abfälle zu vermeiden, nicht vermeidbare Abfälle zu verwerten und nicht verwertbare Abfälle zu beseitigen. Abfälle sind so zu entsorgen, daß dadurch die Gesundheit und das Wohlbefinden der Menschen nicht beeinträchtigt, Nutztiere, Vögel, Wild und Fische nicht gefährdet, Gewässer, Boden- und Nutzpflanzen nicht schädlich beeinflußt, schädliche Umwelteinwirkungen durch Luftverunreinigungen oder Lärm vermieden werden. Ferner sind die Belange des Naturschutzes, der Landschaftspflege sowie des Städtebaus, der Raumordnung und Landesplanung zu beachten, sowie die öffentliche Sicherheit und Ordnung nicht zu gefährden.

Das Abfallgesetz definiert Abfälle als bewegliche Sachen, deren sich der Besitzer entledigen will (subjektiver Abfallbegriff) oder deren geordnete Entsorgung zur Wahrung des Wohls der Allgemeinheit insbesondere zum Schutz der Umwelt geboten ist (objektiver Abfallbegriff). Die Schwierigkeit der Abfallentsorgung insbesondere bei der Genehmigung von Anlagen liegt darin, daß es sich bei Abfall nicht um einzelne Stoffe handelt, sondern um Stoffgemische, die in ihrer Zusammensetzung sehr unterschiedlich sind. Es besteht ein Abfallartenkatalog mit mehr als 500 Abfallarten und entsprechenden Abfallschlüsselnummern. Im einzelnen ist die Abgrenzung der Abfälle außerordentlich schwierig. In der Regel wird unterschieden zwischen den Siedlungsabfällen und den besonders überwachungsbedürftigen Abfällen (Sonderabfälle). Bei den Sonderabfällen handelt es sich um die Entsorgung von Abfällen aus gewerblichen oder sonstigen wirtschaftlichen Unternehmen oder öffentlichen Einrichtungen, die nach Art, Beschaffenheit oder Menge in besonderem Maße gesundheits-, luft- oder wassergefährdend, explosiv oder brennbar sind oder Erreger übertragbarer Krankheiten enthalten oder hervorbringen können.

Nach dem Abfallrecht besteht eine Entsorgungspflicht. In Nordrhein-Westfalen sind z.B. die Kreise und kreisfreien Städte die sogenannten entsorgungspflichtigen Körperschaften. Im Rahmen der kommunalen Satzung können sie jedoch Abfälle von der Entsorgung ausschließen. Der als Ausnahme gedachte Fall des Ausschlusses bestimmter Abfälle wurde in der Praxis der Regelfall für die Sonderabfälle. Mit dem Ausschluß ist der Besitzer entsorgungspflichtig.

Die Entsorgung von ca. 300 Millionen Tonnen Abfall im Jahr rückte in den letzten Jahren aus dem Schattendasein und der Diskriminierung in den Vordergrund des Interesses. Immer weitere Kreise von Wirtschaft, Bürgerschaft und Staat erkennen, daß die Entsorgung nicht etwas anderes als die Produktion ist, sondern das letzte Glied der Produktion. Gemäß § 5 Abs. 1 Satz 3 BImSchG sind genehmigungsbedürftige Anlagen so zu errichten und zu betreiben, daß Reststoffe vermieden werden, es sei denn, sie werden ordnungsgemäß und schadlos verwertet oder, soweit Vermeidung und Verwertung technisch nicht möglich oder unzumutbar sind, als Abfälle ohne Beeinträchtigung des Wohls der Allgemeinheit beseitigt.

Abfallvermeidungsgebot und Abfallverwertungsgebot sowie die steigenden Kosten der Entsorgung veranlassen die Unternehmen als Abfallerzeuger, die Abfallströme ihres Unternehmens zu suchen und im Rahmen des Abfallgesetzes zu ordnen.

Eine umweltverträgliche Abfallwirtschaft benötigt qualifizierte Anlagen zur physikalischen, chemischen und biologischen Vorbehandlung sowie Verbrennungsanlagen zur thermischen Behandlung und Mineralisierung von Abfällen vor ihrer Ablagerung auf einer Deponie. Planung, Bau und Betrieb von Entsorgungsanlagen entsprechen hinsichtlich der Technik vergleichbaren Produktionsanlagen. Gleichwohl bestehen erhebliche Unterschiede im umweltrechtlichen Zulassungsverfahren. Produktionsanlagen werden nach dem Bundesimmissionsschutzgesetz genehmigt. Für abfallrechtliche Entsorgungsanlagen ist in der Regel ein Planfeststellungsverfahren gemäß § 7 AbfG erforderlich. Die Besonderheit des abfallrechtlichen Zulassungsverfahrens gegenüber der umweltrechtlichen Zulassung nach Immissionsschutzrecht und Wasserrecht besteht darin, daß nicht nur die Prüfung der Anlagentechnik auf Sicherheit und Funktionsfähigkeit, sondern auch die Vereinbarkeit der beantragten Leistung (Kapazität der Anlage) mit der Entsorgungsplanung erfolgt. Die von den Abfallwirtschaftsbehörden aufzustellenden Entsorgungspläne sind in der Regel veraltet, beachten nicht hinreichend das Gebot der Abfallvermeidung und Abfallverwertung und sind zu statisch angesichts der technischen und abfallwirtschaftlichen Entwicklung in der Entsorgungswirtschaft. Die Dauer der Planfeststellungsverfahren beträgt 5-10 Jahre.

Zur Beschleunigung der umweltrechtlichen Zulassungsverfahren für Entsorgungsanlagen und zur Erhöhung der Akzeptanz wird der Erlaß der Technischen Anleitung (TA) für besonders überwachungsbedürftige Abfälle (Sonderabfälle) beitragen. Für die Planung und Akzeptanz von Sonderabfallentsorgungsanlagen ist die grundsätzliche Zuordnung von Entsorgungswegen für organische und nicht organische Abfälle, sowie die Einführung eines Entsorgungsnachweises mit qualifizierten Angaben des Abfallerzeugers, des Abfallentsorgers und der Überwachungsbehörde von entscheidender Bedeutung. Die TA für besonders überwachungsbedürftige Abfälle enthält technische Anforderungen an die Planung und den Betrieb von Bereitstellungslagern, Sammelstellen, Zwischenlagern, chemisch-physikalischen und biologischen Behandlungsanlagen, Verbrennungsanlagen und Deponien. Der Entsorgungsnachweis gibt Auskunft über die Abfallart sowie über ihre physikalische, chemische Zusammensetzung. Aufgrund des Nachweises ist die Entscheidung über die Verwertungsmöglichkeit und die Entsorgungsnotwendigkeit nachzuvollziehen. Daneben gibt es auch in Zukunft die Begleitscheine als Transportpapier. Außerdem bedarf jeder Transport von Abfällen der jeweiligen Transportgenehmigung. Der Entsorgungsnachweis zwingt Abfallerzeuger, Entsorger und Überwachungsbehörde in stärkerem Maße als bisher, Möglichkeiten der Abfallvermeidung und Abfallverwertung zu überprüfen.

Eine besondere Bedeutung für die Erhöhung der Akzeptanz der Entsorgungswirtschaft und die Verbesserung des Umweltschutzes wird von dem Erlaß einer Verordnung nach dem BImSchG über Verbrennungsanlagen für Abfälle und ähnliche brennbare Stoffe nach dem Stand vom 20.11.1989 erwartet. Sie enthält Anforderungen an die Errichtung, die Beschaffenheit und den Betrieb von Verbrennungsanlagen für Abfälle. Die Emissionsgrenzwerte wurden gegenüber der geltenden TA Luft erheblich reduziert und auch ein Grenzwert für Dioxin eingeführt. Ziel der Verbrennungsanlage unter Beachtung der neuen Verordnung ist, daß durch eine neue Verbrennungsanlage die Umgebung meßbar nicht verändert und beeinträchtigt wird.

Bisher fehlte im Abfallrecht die Möglichkeit der Genehmigung von Anlagen der Entwicklung und Erprobung neuer Verfahren, Einsatzstoffen, Brennstoffen oder Erzeugnissen (Versuchsanlagen) im Rahmen des vereinfachten und beschleunigten Verfahrens. Gerade wegen der Schwierigkeiten der Zusammensetzung der Abfälle als Abfall- und Stoffgemisch sind derartige Entwicklungen mit praktischer Erfahrung im Maßstab 1:1 unter Einsatz von dem jeweiligen Abfall dringend erforderlich. Ohne Versuchsanlagen, die kurzfristig genehmigt werden können, besteht keine Chance, den technischen Stand der Entsorgung dem Niveau der Versorgung anzugleichen und die abfallwirtschaftlichen Grundsätze der Abfallvermeidung und Abfallverwertung in angemessener Zeit umzusetzen. In Kürze wird voraussichtlich aufgrund einer Änderung des Abfallgesetzes zumindest die Zulassung entsprechender Versuchsanlagen im Rahmen eines Plangenehmigungsverfahrens gemäß § 7 Absatz 2 AbfG eröffnet.

Altlasten

Eine besondere Herausforderung für den Umweltschutz bildet der Bereich der Altlasten. Die Sanierung kontaminierter Industriestandorte und alter Abfalldeponien wirft eine Reihe von rechtlichen Fragen auf, die erhebliche praktische Bedeutung haben. Der Entscheidung über den Einsatz der geeigneten Sanierungsmethode gehen umfangreiche Verfahrensschritte der Probenahme, Analytik und Bewertung voraus. Angesichts der bisher bereits bekannten 100.000 Stoffe des Altstoffinventars und der ca. 80.000 altlastenverdächtigen Flächen eine wahrhaft gewaltige Aufgabe für Staat und Wirtschaft mit einem Sanierungsaufwand von 20 bis 50 Milliarden DM.

Während die Reinhaltung der Luft und des Wassers bereits durch Gesetze, Verordnungen und Verwaltungsvorschriften geregelt sind und über ausgereifte Techniken und Regelwerke verfügen, befindet sich der Bodenschutz erst am Anfang einer vergleichbaren Entwicklung. Erstmals faßte die Bundesregierung mit der Bodenschutzkonzeption im Frühjahr 1985 alle bedeutsamen Einwirkungen auf den Boden zusammen und bewertete sie. Zu der Konzeption gehört die Abwehr von Schäden, der Ausgleich von Nutzungsansprüchen und die langfristige Vorsorge. Grundsätzlich bedarf es einer Unterscheidung zwischen den Maßnahmen zur Gefahrenabwehr bei bereits bestehenden Bodenverunreinigungen und andererseits den Schutzmaßnahmen zur Umweltvorsorge.

Eine gesetzliche Definition des Begriffs Altlasten fehlt bisher auf Bundesebene. Auf landesrechtlicher Ebene findet sich erstmals eine gesetzliche Definition des Begriffs Altlasten in § 28 des Abfallgesetzes für das Land NRW (Landesabfallgesetz - LAbfG) vom 21.06.1988.

Danach sind Altlasten Altablagerungen und Altstandorte, sofern von diesen nach den Erkenntnissen einer im einzelnen Fall vorausgegangenen Untersuchung und einer darauf beruhenden Beurteilung durch die zuständige Behörde eine Gefahr für die öffentliche Sicherheit oder Ordnung ausgeht.

Altablagerungen sind gemäß § 28 LAbfG NRW u.a. stillgelegte Anlagen zum Ablagern von Abfällen.

Gemäß § 28 LAbfG NRW sind Altstandorte z.B. Grundstücke stillgelegter Anlagen, in denen mit umweltgefährdenden Stoffen umgegangen worden ist.

Weder das Abfallgesetz des Bundes noch die Abfallgesetze der Länder bilden die Grundlage für die Haftung der Eigentümer oder Besitzer sogenannter verlassener Anlagen. Lediglich für Anlagen, die nach dem Inkrafttreten des Abfallrechtes im Jahre 1972 schließen, können die Behörden dem Inhaber Maßnahmen zur Gefahrenabwehr und zur Rekultivierung auferlegen.

In der Praxis zeigt die Abschätzung des Gefährdungspotentials von Verdachtsflächen, daß die Gefahr für die öffentliche Sicherheit und Ordnung insbesondere über den Wasserpfad des Grundwassers oder des Sickerwassers erfolgt. Unter Anwendung des Wasserrechtes wird zunehmend ein wasserwirtschaftlicher Maßstab zur Grundlage der Gefährdungsabschätzung herangezogen. Demgegenüber wendet die noch herrschende Meinung die allgemeinen Maßstäbe der öffentlichen Sicherheit und Ordnung auf der Grundlage des Ordnungsrechtes und des ursprünglichen Allgemeinen Preussischen Landesrechtes von 1794 an. Bei Anwendung des Wasserrechtes bildet die Gefährdung der öffentlichen Wasserversorgung den Minimalbestand, der aufgrund der Gefährdung nicht unterschritten werden darf. Für den Maßstab sind von Bedeutung, welche Vorbelastungen vorhanden sind, mit welchen weiteren kontinuierlichen Belastungen im Grundwasser zu rechnen ist, welche Nutzungen jetzt oder in Zukunft zu berücksichtigen sind und welche Sanierungsmöglichkeiten mittel- oder langfristig bestehen. Diese Bewirtschaftungsziele bilden das Schutzwürdigkeitsprofil. Demgegenüber ist das Gefährdungspotential als Möglichkeit und Wahrscheinlichkeit abzuschätzen, daß das Grundwasser kontaminiert ist und wieweit es nachträglich verändert werden kann. Aus dieser Betrachtung ergeben sich sowohl Maßstäbe für den Sanierungsbedarf als auch für den Sanierungsaufwand. Im Gegensatz zur Umweltvorsorge, z.B. durch Erlaß einer Trinkwasserverordnung mit entsprechenden Grenzwerten in Anwendung des Vorsorgeprinzips, bestehen bisher keine vergleichbaren Verordnungen für die Sanierung von Altlasten.

Gleichwohl bedarf es bestimmter Maßstäbe und Grundsätze als Leitlinien für die Gefährdungsabschätzung und Sanierung. Mit Hilfe eines normierten Verfahrens könnte sichergestellt werden, daß die von den einzelnen Sachverständigen durchgeführten Gefährdungsabschätzungen im einzelnen von einem Dritten nachvollzogen werden können. Zu denken ist an nutzungsbezogene Orientierungswerte, die auf Landes- oder Bundesebene einheitliche Maßstäbe für die wasserwirtschaftliche Begründung des Sanierungsermessens darstellen.

Die Haftung trifft den Ordnungspflichtigen als Handlungsstörer, der oft nicht mehr konkret bestimmbar ist oder der als Unternehmen nicht mehr existiert. Bei Altstandorten entstanden Kontaminationen im Rahmen der Nutzung der gewerberechtlichen Genehmigung, ohne daß ein Verstoß gegen die Vorschriften erfolgte. Daneben haftete der Eigentümer als sogenannter Zustandsstörer allein aufgrund seines Eigentums, auch wenn die Kontamination ohne seine Schuld erfolgte oder er auch ohne Kenntnis der Kontamination das Grundstück erworben hat. Bisher sind die Grenzen der Haftung des Ordnungspflichtigen nicht hinreichend abgesteckt. Sie liegen voraussichtlich ausgehend vom verfassungsrechtlichen Verhältnismässigkeitsgrundsatz in der Unzumutbarkeit und der besonderen Härte für den Ordnungspflichtigen. In jedem Fall kann sich der Eigentümer oder Unternehmer nur in eingeschränktem Umfang mit Ausnahme der Gewässerschadenshaftpflichtversicherung durch seine Versicherung entlasten.

Nach Abschluß der Gefährdungsabschätzung und der Festlegung des Sanierungszieles sowie der Sanierungsmaßnahmen stellt sich die in aller Regel schwierige Frage, ob und welche umweltrechtlichen Verwaltungsverfahren für die Zulässigkeit der Durchführung der Sanierungsmaßnahmen geboten sind. Die Beantwortung der Frage ist von der Art und Weise der beabsichtigten Sanierungsmaßnahme abhängig. Als Sanierungsverfahren sind nach der Sanierungstechnik zu unterscheiden "in-site" - der verunreinigte Boden oder das verunreinigte Grundwasser werden behandelt, ohne daß ein Aushub des kontaminierten Bodens erfolgt, "on-site" - Aushub des kontaminierten Bodens und Behandlung auf dem kontaminierten Grundstück und "off-site" - Aushub des kontaminierten Bodens, Transport zu einem anderen Grundstück und Behandlung auf dem anderen Grundstück.

In den vergangenen Jahren wurden zahlreiche Sanierungsmaßnahmen ohne ausdrückliche umweltrechtliche Zulassungsverfahren durchgeführt. Nach herrschender Auffassung handelt es sich bei allen Verfahren mit Ausnahme des in-site-Verfahrens um Abfall, da die Altlast spätestens mit der Trennung vom gewachsenen Erdreich eine bewegliche Sache im Sinne des Abfallgesetzes wird.

Als Folge dieser Einschätzung sind drei Verfahrensarten zu unterscheiden: Gemäß § 7 I AbfG bedürfen die Einrichtung und der Betrieb von ortsfesten Abfallentsorgungsanlagen sowie die wesentliche Änderung einer solchen Anlage oder ihres Betriebes der Planfeststellung. Abfallrechtliche Planfeststellungsverfahren benötigen einschließlich der Offenlegung der Unterlagen und der Erörterungstermine nach den allgemeinen Erfahrungen derzeit 5 bis 10

Jahre. Sobald Verfahren dem Abfallrecht unterliegen, werden sie in der Regel gegenüber anderen Verfahren des Bundesimmissionsschutzgesetzes diskriminiert. Es steht zu befürchten, daß auch nach Anerkennung der Notwendigkeit der Sanierung einer Altlast durch Anwendung des Abfallrechtes für die Planfeststellung einer Sanierungsmaßnahme mehrere Jahre benötigt werden.

Daneben ist ein sogenanntes Genehmigungsverfahren gemäß § 7 Abs. II AbfG durchführbar, wenn die Errichtung und der Betrieb einer Abfallentsorgungsanlage, die wesentliche Änderung einer Abfallentsorgungsanlage oder ihres Betriebes beantragt wird oder mit Einwendungen nicht zu rechnen ist. Nach den vergleichbaren Erfahrungen bei der Genehmigung von typischen Abfallentsorgungsanlagen muß bei dieser Verfahrensart damit gerechnet werden, daß mit den Einwendern über die Wesentlichkeit der Anlage eine Auseinandersetzung erfolgt oder aufgrund der tatsächlich vorgebrachten Einwendungen das Verfahren nachträglich in ein Planfeststellungsverfahren umgewandelt wird.

Es verbleibt die Anwendung eines Verfahrens gemäß § 4 II AbfG mit der Genehmigung zur Behandlung von Abfällen außerhalb einer Abfallentsorgungsanlage. Von dieser Vorschrift wird erst in jüngster Zeit im Einzelfall Gebrauch gemacht, z.B. für die umweltrechtliche Zulassung einer Bodenwaschanlage.

Angesichts der Bedeutung der umweltrechtlichen Zulassungsverfahren im Hinblick auf Art und Umfang der zukünftigen Altlastensanierung stellt sich die Frage, ob der ausgehobene Boden zwangsläufig zu Abfall im Sinne der Anwendung des Abfallrechtes qualifiziert werden muß. Die Notwendigkeit der Frage ergibt sich insbesondere unter Berücksichtigung der Tatsache, daß für die Sanierung von Altlasten z.B. in zugelassenen Sonderabfallverbrennungsanlagen oder auf zugelassenen Sonderabfalldeponien mittelfristig keine ausreichenden Kapazitäten zur Verfügung stehen, andererseits gerade die im Rahmen der Gefährdungsabschätzung festgestellte Gefahr für die öffentliche Sicherheit und Ordnung in vielen Einzelfällen eine alsbaldige Sanierung der Altlast erforderlich macht.

Zumindest in all den Fällen, in denen der Sanierungspflichtige den Bodenaushub nach Beseitigung der Verunreinigung (Dekontamination) erneut wieder einbauen will, mangelt es an dem Willen, sich des verunreinigten Bodens dauerhaft zu entledigen. Insoweit handelt es sich in diesen Fällen nicht um Abfall im Sinne des subjektiven Abfallbegriffs. Ferner ist zu bedenken, daß es sich bei der Altlast um verunreinigten Boden, nicht aber um eine boden-mässige Verunreinigung handelt. Der Boden stellt einen Wertstoff dar, der verunreinigt ist durch Schadstoffe. Diese für uns nicht selbstverständliche Betrachtung und Bewertung des Bodens wird dadurch erschwert, daß Boden auf unserer Erde anscheinend unbegrenzt verfügbar ist. Andererseits ist Boden nicht zum Nulltarif beschaffbar. Dies gilt zumindest für Mutterboden und auch für andere Bodenarten. In jedem Falle würde sich die Betrachtung ändern, wenn in Anwendung des Verwertungsgebotes in Zukunft die durch Aushub des kontaminierten Bodens entstehenden Vertiefungen wieder aufge-füllt werden müßten. Alsdann würde der Wert des zu verwendenden Bodens offensichtlich. Sollte es sich bei der Sanierung einer Altlast nicht um ein ab-falltechnisches und abfallwirtschaftliches Verfahren handeln, sondern um ein Produktionsverfahren in der Form einer Dekontamination, wäre das Verfahren anderen chemisch-physikalischen Produktionsverfahren gleichzustellen mit der Folge, daß nicht das abfallrechtliche Zulassungsverfahren, sondern z.b. das immissionsschutzrechtliche Zulassungsverfahren zur Anwendung kommt.

So bestehen keine Zweifel, daß eine Fahrzeugreinigungsanlage, in der z.B. Lkw's vom Straßenschmutz oder der Beförderung von Produktionsstoffen un-terschiedlichster chemischer Zusammensetzung gereinigt werden, keine Ab-fallbehandlungsanlage darstellt. Auch bei einer Anlage zur Reinigung verun-reinigter Lösemittel ist die Rechtsprechung zu der Auffassung gelangt, daß es sich bei der Anlage nicht um eine Abfallentsorgungsanlage handele, sondern um eine Produktionsanlage, da nicht die verunreinigten Stoffe maßgebend seien, sondern die Lösemittel als Wirtschaftsgut einer Behandlung zu einem vernünftigen wirtschaftlichen Zweck unterzogen werden. Die vorgenannten Überlegungen würden zum Ausschluß der abfallrechtlichen Vorschriften und zur ausschließlichen Anwendung der immissionsschutzrechtlichen Vorschrif-ten des Bundesimmissionsschutzgesetzes bei einer entsprechenden Verord-nung und Aufnahme entsprechender Altlastensanierungsanlagen führen.

Umwelthaftung und Deckungsvorsorge

Aufgrund der Störfälle mit erheblichen Umweltfolgen in Seveso, Bhopal, Tschernobyl und Basel kündigte der Bundeskanzler im Frühjahr 1987 die Ausdehnung der verschuldensunabhängigen Gefährdungshaftung über den Bereich des Gewässerschutzes hinaus an. Am 16.05.1989 legte die Bundesre-gierung den Diskussionsentwurf für ein Umwelthaftungsgesetz vor. Am 16.02.1990 beriet der Bundestag den überarbeiteten Entwurf eines Umwelthaftungsgesetzes (E UmweltHG). Nach Auffassung der Bundesregierung ergab eine Bestandsaufnahme der bisher geltenden Regelungen ein deutliches Defizit für einen möglichst effektiven Schutz der Umwelt und der Geschädigten. Das Ziel des Entwurfes sei es, auch im Zivilrecht den Umweltschutz und die Rechtstellung der Personen nachhaltig zu verbessern, die durch von bestimmten Anlagen ausgehenden Umwelteinwirkungen geschädigt würden. Zur Verhinderung von Schäden solle das Risiko künftiger Schadensersatzleistungen den Einzelnen zu einem vorsichtigen, schadensvermeidenden Verhalten veranlassen. Die indirekt verhaltenssteuernde Wirkung der Haftungsvorschriften rechtfertige es, dem Umwelthaftungsrecht die Funktion der Umweltvorsorge zuzusprechen. Neben den ordnungsrechtlichen Instrumenten des Umweltschutzes komme dem Umwelthaftungsrecht eine ergänzende Funktion zu. Schließlich erklärte die Bundesregierung, die Belastung umweltgefährdender Produktionsprozesse mit einer strengen Umwelthaftung führe tendenziell zu einer Verteuerung der betroffenen Produkte und Dienstleistungen am Markt. Die Unternehmer müßten mögliche Ersatzleistungen für umweltbedingte Schäden in ihre Kostenrechnung einbeziehen und versuchen, diese Kosten über den Preis auf Dritte abzuwälzen. Hierdurch würden umweltgefährdende Produktionsprozesse zurückgedrängt und schadensvermeidende Maßnahmen dort getroffen, wo sie am kostengünstigsten seien. Über den Preis- und Marktmechanismus würden die knappen ökologischen Ressourcen möglichst effizient eingesetzt.

Geltendes Recht der Umwelthaftung

Nach dem Bürgerlichen Gesetzbuch (BGB) vom 18.08.1896 (RGBL S. 195) bildet das verschuldensabhängige Recht der unerlaubten Handlung gemäß §§ 823 ff. BGB die Grundlage für die Regelung von Schäden aus Umwelthaftungsfällen. Die Verschuldenshaftung ist nach ihrer Konzeption nicht darauf ausgerichtet, das Versagen technischer Anlagen angemessen zu ahnden. Ein Schadensersatzanspruch setzt ein menschliches Fehlverhalten voraus. Im Einzelfall wird der Geschädigte schwerlich in der Lage sein, sowohl den ursächlichen Zusammenhang zwischen Schadensereignis und Schadenseintritt als auch das Verschulden des Schädigers zu beweisen. Der Unternehmer kann sich in der Regel für die Fehlleistungen seiner Beschäftigten entlasten.

Es bestehen nach geltendem Recht Ersatzansprüche gemäß § 906 Absatz 2 Satz 2 BGB des Benutzers eines Grundstücks gegenüber dem Eigentümer des Nachbargrundstücks, wenn die Einwirkung vom Nachbargrundstück durch Zuführung von Gasen, Dämpfen, Gerüchen, Rauch, Ruß, Wärme, Ge-

räusch, Erschütterungen und ähnlichen ausgehenden Einwirkungen eine orts-
übliche Benutzung seines Grundstücks oder dessen Ertrag über das zumutba-
re Maß beeinträchtigt. In der Praxis hat sich aufgrund der Rechtsprechung zu
§ 906 Absatz 2 Satz 2 BGB eine Beinahegefährdungshaftung für den Nor-
malfall ergeben. Dagegen haftet der Eigentümer im Störfall, also bei Über-
schreitung des Normalbetriebes, nur nach Deliktsrecht unter der Vorausset-
zung, daß ihm ein schuldhaftes menschliches Verhalten nachgewiesen werden kann. § 906 Absatz 2 Satz 2 BGB gewährt im übrigen nur einen Ausgleich zum Schutz von Sachen. Bei einer Verletzung von Körper und Gesundheit erfolgt eine Haftung nur bei Nachweis eines schuldhaften Verhal-
tens gemäß §§ 823 ff. BGB.

Nach § 22 WHG besteht bereits heute eine Gefährdungshaftung. Wer in ein
Gewässer Stoffe einbringt oder einleitet oder wer auf ein Gewässer derart
einwirkt, daß die physikalische, chemische oder biologische Beschaffenheit
des Wassers verändert wird, ist zum Ersatz des daraus einem anderen entstehenden Schadens verpflichtet. Darüber hinaus besteht die Gefährdungshaftung auch aufgrund der sogenannten Anlagenhaftung, wenn aus einer Anlage, die bestimmt ist, Stoffe herzustellen, zu verarbeiten, zu lagern, abzula-
gern, zu befördern oder wegzuleiten, derartige Stoffe in ein Gewässer, ohne
in dieses eingebracht oder eingeleitet zu sein, gelangen.

Wesentlicher Inhalt des Entwurfs des Umwelthaftungsgesetzes
Gefährdungshaftung auch für die Umweltmedien Boden und Luft

Nach dem Entwurf des Umwelthaftungsgesetzes haftet der Inhaber einer um-
weltgefährlichen Anlage, wenn von ihr eine Einwirkung auf die Umwelt, d.h.
auf die Umweltmedien Wasser, Boden oder Luft ausgeht. Mit Ausnahme der
Haftung gemäß § 22 WHG führt die Beeinträchtigung von Wasser und eine Beeinträchtigung von Luft und Boden bisher nur zu einer Schadensersatzpflicht,
wenn der Verursacher auch schuldhaft gehandelt hatte. In Zukunft besteht eine
Haftung auch ohne Verschulden für die Verursachung der schädlichen Umwelteinwirkung. Danach besteht grundsätzlich eine verschuldensunabhängige Gefährdungsabschätzung im Bereich des Umwelthaftungsrechtes. Dem Geschädigten wird die Verfolgung seiner Ansprüche maßgeblich erleichtert.

Kreis der Anlagen

Der Entwurf des Umwelthaftungsgesetzes nennt im Anhang I zu § 1 E UmweltHG die Anlagen aus dem industriellen und gewerblichen Bereich, die der Gefährdungsabschätzung unterliegen. Der Katalog der dem privaten Haftungsrecht unterliegenden Anlagen entspricht im wesentlichen dem Katalog der nach öffentlichem Recht genehmigungsbedürftigen Anlagen. Nach Auffassung der Bundesregierung sprechen wesentliche Gründe dafür, den Anlagentyp, der aus Gründen der Vorsorge, Gefahrenabwehr und öffentlich-rechtlichen Risikoabschätzung dem Genehmigungserfordernis unterworfen ist, auch als ein haftungsrechtlich relevantes Risikopotential anzusehen. Der Katalog entspricht dem Anhang der 4. Verordnung zur Durchführung des Bundesimmissionsschutzgesetzes mit Ausnahme der Anlagen, von denen nur Belästigungen ausgehen können. Die Liste enthält ungefähr 100 Anlagentypen. Im einzelnen handelt es sich um folgende Wirtschaftsbereiche:

1. Wärmeerzeugung, Bergbau, Energie
2. Steine und Erden, Glas, Keramik, Baustoffe
3. Stahl, Eisen und sonstige Metalle einschließlich Verarbeitung
4. Chemische Erzeugnisse, Arzneimittel, Mineralölraffination und Weiterverarbeitung
5. Oberflächenbehandlung mit organischen Stoffen, Herstellung von bahnenförmigen Materialien aus Kunststoffen, sonstige Verarbeitung von Harzen und Kunststoffen
6. Holz, Zellstoff
7. Nahrungs-, Genuß- und Futtermittel, landwirtschaftliche Erzeugnisse
8. Abfälle und Reststoffe
9. Lagerung, Be- und Entladen von Stoffen
10. Sonstiges

Die Gefährdungshaftung gilt also nach dem Enumerationsprinzip nur für die Anlagen, die auch im einzelnen in dem Katalog des Anhangs enthalten sind. Die Haftung besteht nicht nur für betriebene Anlagen, sondern auch für nicht betriebene Anlagen. Gemäß § 2 E UmweltHG haftet der Inhaber der noch nicht fertiggestellten Anlage für eine Umwelteinwirkung der noch nicht fertiggestellten Anlage. Geht die Umwelteinwirkung von einer nicht mehr betriebenen Anlage aus, haftet der im Zeitpunkt der Einstellung des Betriebes haftende Inhaber der Anlage.

Begriffbestimmungen

Gemäß § 3 E UmweltHG entsteht ein Schaden durch eine Umwelteinwirkung, wenn er durch Stoffe, Erschütterungen, Geräusche, Druck oder sonstige Erscheinungen verursacht wird, die sich in Boden, Luft oder Wasser aus-
gebreitet haben. Ersatzfähig sind alle Schäden, die durch Verletzungen von
Körper, Gesundheit oder Eigentum entstehen. Anlagen sind ortsfeste Einrichtungen wie Betriebsstätten und Lager. Zu den Anlagen gehören auch Maschi-
nen, Geräte, Fahrzeuge und sonstige ortsveränderliche technische Einrichtungen und Nebeneinrichtungen, die mit der Anlage oder einem Anlagenteil in
einem räumlichen oder betriebstechnischen Zusammenhang stehen und für
das Entstehen von Umwelteinwirkungen von Bedeutung sein können.

Ausschluß und Beschränkung der Haftung

Eine Umwelthaftung besteht nicht, wenn der Schaden durch höhere Gewalt
verursacht worden ist.
Für Sachschäden ist eine Ersatzpflicht ausgeschlossen, wenn die Benutzung
einer Sache nicht, nur unwesentlich oder in einem Maße beeinträchtigt wird,
das nach den örtlichen Verhältnissen zumutbar ist.

Ursachenvermutung - Haftung auch für den Normalbetrieb

Gemäß § 6 E UmweltHG wird vermutet, daß der Schaden durch die Anlage
verursacht ist, wenn die Anlage nach den Gegebenheiten des Einzelfalls geeignet ist, den entstandenen Schaden zu verursachen. Die Eignung im Einzelfall beurteilt sich nach dem Betriebsablauf, den verwendeten Einrichtungen,
der Art und Konzentration der eingesetzten und freigesetzten Stoffe, den me-
teorologischen Gegebenheiten, nach Zeit und Ort des Schadenseintritts und
nach dem Schadensbild sowie allen sonstigen Gegebenheiten, die im Einzelfall für oder gegen die Schadensverursachung sprechen. Im Gegensatz zu
dem bisherigen Erfordernis des Nachweises der Verursachung reicht künftig
die generelle Kausalität. Danach wird der Kausalitätsnachweis widerlegbar
vermutet, wenn der Betrieb der Anlage grundsätzlich geeignet war, den Schaden zu verursachen.

Die Kausalitätsvermutung findet keine Anwendung, wenn die Anlage bestimmungsgemäß betrieben wurde. Ein bestimmungsgemäßer Betrieb liegt vor,
wenn die besonderen Betriebspflichten eingehalten worden sind und auch

keine Störung des Betriebes vorliegt. Besondere Betriebspflichten sind solche, die sich aus verwaltungsrechtlichen Zulassungen, Auflagen und nachvollziehbaren Anordnungen und Rechtsvorschriften ergeben, soweit sie die Verhinderung von solchen Umwelteinwirkungen bezwecken, die für die Verursachung des Schadens in Betracht kommen. Sind in der Zulassung, in Auflagen, in vollziehbaren Anordnungen oder in Rechtsvorschriften zur Überwachung einer besonderen Betriebspflicht Kontrollen vorgeschrieben, so wird die Einhaltung dieser Betriebspflicht vermutet, wenn die vorgeschriebenen Kontrollen zur angemessenen Überwachung der Einhaltung der Betriebspflicht geeignet waren und die Kontrollen in dem Zeitpunkt durchgeführt wurden oder im Zeitpunkt der Geltendmachung des Schadensersatzanspruches die in Frage stehende Umwelteinwirkung länger als 10 Jahre zurückliegt.

Sind mehrere Anlagen geeignet, den Schaden zu verursachen, so gilt gemäß § 7 E UmweltHG die Vermutung nicht, wenn ein anderer Umstand als eine dieser Anlagen nach den Gegebenheiten des Einzelfalls geeignet ist, den Schaden zu verursachen.

Wurde der Schaden von mehreren verursacht, so haftet gemäß § 8 E UmweltHG der Inhaber der Anlage nur anteilig nach dem Maß seines Ursachenbeitrages, wenn der Schaden durch den bestimmungsgemäßen Betrieb seiner Anlage verursacht ist.

Die vorstehenden Vorschriften führen einerseits zur Haftung auch für den Normalbetrieb. Andererseits führen sie zu einem Haftungsausschluß bei einem bestimmungsgemäßen Betrieb. Die Haftungsregelungen leisten auf diese Weise einen maßgeblichen Beitrag zur Umweltvorsorge und führen gleichzeitig zu einer erhöhten Bedeutung einer ständigen Kontrolle der Einhaltung des bestimmungsgemäßen Betriebes, um im Schadensfall zu einem Ausschluß der Ursachenvermutung zu kommen.

Auskunftsansprüche

Gemäß § 9 E UmweltHG kann der Geschädigte vom Inhaber der Anlage Auskunft verlangen, wenn Tatsachen vorliegen, die die Annahme begründen, daß die Anlage den Schaden verursacht hat. Der Geschädigte kann die zur Feststellung des Schadensersatzanspruches erforderlichen Angaben über die verwendeten Einrichtungen, die Art und Konzentration der eingesetzten oder freigesetzten Stoffe und die sonst von der Anlage ausgehenden Wirkungen sowie die besonderen Betriebspflichten verlangen. Geheimhaltungsvorschriften sind zu beachten. Der Geschädigte hat einen Anspruch auf Einsichtnahme in die Unterlagen, sofern die Annahme begründet ist, daß die Auskunft unvollständig, unrichtig oder nicht ausreichend sei oder wenn die Auskunft nicht in angemessener Frist erteilt wurde.

Der Geschädigte hat auch Ansprüche gegen die Behörden, die die Anlage genehmigt haben oder überwachen oder deren Aufgabe es ist, Einwirkungen auf die Umwelt zu erfassen. Die Behörde ist nicht zur Auskunft verpflichtet, wenn durch sie die ordnungsgemäße Erfüllung der Aufgaben der Behörde beeinträchtigt würde oder das Bekanntwerden des Inhalts der Auskunft dem Wohl des Bundes oder eines Landes Nachteile bereiten würde oder wenn berechtigte Interessen verletzt würden.

Der Inhaber einer Anlage kann von dem Inhaber einer anderen Anlage Auskunft und Einsichtgewährung verlangen, soweit dies zur Feststellung des Umfangs seiner Ersatzpflicht gegenüber dem Geschädigten oder seines Ausgleichsanspruches gegen den anderen Inhaber erforderlich ist.

Haftungsumfang

Ein Mitverschulden des Geschädigten bei der Entstehung des Schadens ist gemäß § 12 E UmweltHG in Verbindung mit § 254 BGB zu berücksichtigen.

Im Falle der Tötung umfaßt die Ersatzpflicht die Kosten einer versuchten Heilung, des Vermögensnachteils in Folge Erwerbsunfähigkeit oder Minderung der Erwerbsfähigkeit und des Schadensersatzes bei Bestehen von Unterhaltsverpflichtungen des Getöteten. Im Falle der Körperverletzung umfaßt die Ersatzpflicht die Kosten der Heilung sowie des Vermögensnachteils in Folge Erwerbsunfähigkeit oder Erwerbsminderung.

Wurde die Anlage bestimmungsgemäß betrieben, haftet der Ersatzpflichtige im Falle der Aufhebung oder Minderung der Erwerbsfähigkeit nur bis zu einer Jahresrente von 30.000 DM für jede getötete oder verletzte Person.

Wiederherstellungskosten

Über die geltenden Regelungen des Zivilrechtes hinaus besteht eine Pflicht zur Wiederherstellung, wenn die Beschädigung einer Sache auch eine Beeinträchtigung der Natur oder der Landschaft darstellt. Wird z.B. ein Biotop wiederhergestellt, hat der Schädiger auch die Aufwendungen für die Wiederherstellung des vorherigen Zustandes zu leisten, wenn sie den Wert der Sache erheblich übersteigen.

Bisher konnte der Schädiger bei ökologischen Schäden sich darauf berufen, daß die Wiederherstellung unverhältnismäßig sei. Von der Vorschrift nicht umfaßt ist ein Schaden, für den ein konkreter individueller Verursacher nicht festzustellen ist. Dies gilt z.B. bei neuartigen Waldschäden. Hierfür werden weitere gesetzliche Regelungen erwogen.

Verjährung

Auf die Verjährung finden die für die unerlaubten Handlungen geltenden Verjährungsvorschriften des Bürgerlichen Gesetzbuches entsprechend Anwendung. Gemäß § 852 BGB verjährt der Anspruch auf Ersatz des aus einer unerlaubten Handlung entstehenden Schadens in drei Jahren von dem Zeitpunkt an, in welchem der Verletzte von dem Schaden und der Person des Ersatzpflichtigen Kenntnis erlangt, ohne Rücksicht auf diese Kenntnis in 30 Jahren von der Begehung der Handlung an.

Deckungsvorsorge

Gemäß § 20 E UmweltHG sind die Inhaber von Anlagen, die im Anhang II des UmweltHG genannt sind, verpflichtet, zur Sicherung der Haftung für Umwelteinwirkungen Vorsorge zu treffen (Deckungsvorsorge). Es handelt sich insbesondere um Anlagen, für die nach der Störfallverordnung eine Sicherheitsanalyse anzufertigen ist. Diese ergeben sich insbesondere aus dem Anhang I der 12. Verordnung zur Durchführung des Bundesimmissionsschutzgesetzes (Störfallverordnung).

Es handelt sich um solche Anlagen, bei denen ein besonders hohes Gefährdungspotential vorliegt. Die Betreiber werden verpflichtet, sich wegen etwaiger Schadensersatzansprüche zu versichern oder auf andere Weise dafür Sorge zu tragen, daß sie eventuellen Schadensersatzverpflichtungen nachkommen können. Insofern kann die Deckungsvorsorge auch erbracht werden anstelle einer Haftpflichtversicherung durch eine Freistellungs- oder Gewährleistungsverpflichtung des Bundes oder des Landes oder durch eine Freistellungs- oder Gewährleistungsverpflichtung eines im Geltungsbereich dieses Gesetzes zum Geschäftsbetrieb befugten Kreditinstitutes. Geht von einer nicht mehr betriebenen Anlage eine besondere Gefährlichkeit aus, kann die zuständige Behörde anordnen, daß derjenige, der zum Zeitpunkt der Einstellung des Betriebes Inhaber der Anlage war, für die Dauer von höchstens 5 Jahren weiterhin entsprechende Deckungsvorsorge zu treffen hat. Wenn der Inhaber seiner Verpflichtung zur Deckungsvorsorge nicht nachkommt und die Deckungsvorsorge nicht binnen einer von der zuständigen Behörde festzusetzenden angemessenen Frist nachweist, kann die Behörde den Betrieb der Anlage ganz oder teilweise untersagen.

Bisher bestand keine Pflichtversicherung. Nunmehr werden die Inhaber besonders gefährlicher Anlagen dem Halter von Kraftfahrzeugen gleichgestellt. Die Versicherungswirtschaft sieht erhebliche Schwierigkeiten durch die Einführung einer generellen Gefährdungshaftung für Umweltschäden. Sie verweist darauf, daß die Versicherungswirtschaft immer nur eine Versicherung für Versicherungsfälle einführen kann, die als unbestimmtes Ereignis bei einer Vielzahl von Versicherungsfällen auftreten. Dagegen besteht nach Auffassung der Versicherungswirtschaft bei der Haftung für Umweltschäden ohne Verschulden die Gefahr, daß die Zahl der Versicherungsereignisse nicht mehr unbestimmbar bleibt. Die Gefahr einer reinen Verdachtshaftung wird behauptet. Andererseits bietet die Entlastung bei bestimmungsgemäßem Betrieb einen angemessenen Ausgleich.

Produkthaftungsgesetz

Auf der Grundlage der Richtlinie der EG für die Produkthaftung vom 25.07.1985 trat zum 01.01.1990 das Gesetz über die Haftung für fehlerhafte Produkte (Produkthaftungsgesetz - ProdHaftG) in Kraft. Das Produkthaftungsgesetz regelt die Rechtsbeziehungen zwischen Hersteller und Abnehmer unter Berücksichtigung der modernen Produktionsmethoden. Anstelle der von der Rechtsprechung entwickelten Beweiserleichterungen und Anforderungen an die Sorgfaltspflicht tritt nunmehr eine Gefährdungshaftung.

Personenschaden und Sachschaden

Wird durch den Fehler eines Produktes jemand getötet, sein Körper oder seine Gesundheit verletzt oder eine Sache beschädigt, so ist der Hersteller des Produktes verpflichtet, dem Geschädigten den daraus entstehenden Schaden zu ersetzen. Im Falle der Sachbeschädigung gilt dies nur, wenn eine andere Sache als das fehlerhafte Produkt beschädigt wird und diese andere Sache ihrer Art nach gewöhnlich für den privaten Ge-oder Verbrauch bestimmt und hierzu von dem Geschädigten hauptsächlich verwendet worden ist.

Begriff des Produktes

Produkt im Sinne dieses Gesetzes ist jede bewegliche Sache, auch wenn sie einen Teil einer anderen beweglichen Sache oder einer unbeweglichen Sache bildet sowie Elektrizität. Ausgenommen sind landwirtschaftliche Erzeugnisse.

Ausschluß der Ersatzpflicht

Eine Ersatzpflicht des Herstellers ist ausgeschlossen, wenn er das Produkt nicht in den Verkehr gebracht hat oder der Fehler nach dem Stand der Wissenschaft und Technik zu dem Zeitpunkt, in dem der Hersteller das Produkt in den Verkehr brachte, nicht erkannt werden konnte.

Begriff des Fehlers

Ein Produkt hat einen Fehler, wenn es nicht die Sicherheit bietet, die unter Berücksichtigung aller Umstände, insbesondere seiner Darbietung, des Gebrauchs, mit dem billigerweise gerechnet werden kann oder des Zeitpunkts, in dem es in den Verkehr gebracht wurde, berechtigterweise erwartet werden kann.

Begriff des Herstellers

Hersteller ist, wer das Endprodukt, einen Grundstoff oder ein Teilprodukt hergestellt hat. Als Hersteller gilt ferner, wer ein Produkt zum Zwecke des Verkaufs, der Vermietung, des Mietkaufs oder einer anderen Form des Vertriebs mit wirtschaftlichem Zweck im Rahmen seiner geschäftlichen Tätigkeit in den Geltungsbereich der EG einführt oder verbringt. Mitverschulden wird berücksichtigt.

Umfang der Ersatzpflicht

Der Umfang der Ersatzpflicht ist bei Personenschäden auf 160 Mio. DM begrenzt. Im Falle von Sachbeschädigung hat der Geschädigte einen Schaden bis zur Höhe von 1.125 DM selbst zu tragen. Anspruch verjährt in drei Jahren.

Bei der Bewertung des Gesetzes hinsichtlich der Auswirkungen ist zu berücksichtigen, daß bereits bisher aufgrund der Beweislastumkehr und der sehr hohen Sorgfaltsanforderungen an den Hersteller eine erhebliche Haftung gegenüber den ursprünglichen Haftungsregeln des Bürgerlichen Gesetzbuches sich entwickelt hatte. Insoweit wird nicht mit einer besonders starken Auswirkung des Produkthaftungsgesetzes hinsichtlich der Ausweitung des Haftungsumfangs gerechnet. Weitergehende Ersatzansprüche gegen den Hersteller und Ersatzansprüche gegen sonstige Personen aufgrund anderer Rechtsvorschriften bleiben vom Produkthaftungsgesetz unberührt.

Umwelt-Auditing

Zielsetzung – Ablauf – Instrumentarium

Die Vielzahl der umweltgesetzlichen Anforderungen sowie die aktuelle Umwelthaftungsdiskussion erfordern eine vorsorgende, betriebliche Umsetzung. Hierzu soll das Umwelt-Audit als Anleitung zur Risikominimierung vorgestellt werden.

Das Umwelt-Audit ist ein Verfahren, das auf technischer Ebene einer finanziellen Bilanzprüfung stark ähnelt. Es ist eine "Momentaufnahme" der bestehenden Umweltbedingungen: im Prinzip wird geprüft, inwieweit der betreffende Betrieb zu einem bestimmten Zeitpunkt den Umweltgesetzen entspricht.

Darüber hinaus ist das Umwelt-Audit die betriebliche Grundlage für die Ausarbeitung eines längerfristigen und präventiven Umwelt-Controllings.

Das Umwelt-Audit ist die wichtigste Handhabe der Geschäftsleitung für die Aufstellung der Soll- und Habenposten in Bezug auf Umweltvorschriften und um die tatsächliche Übereinstimmung der Produktionsanlage mit den gesetzlichen Vorschriften besser überwachen zu können.

Das Umwelt-Audit kann Teil eines vorbeugenden Programmes sein, um Risikopotentiale und Planungsmaßnahmen aufzuzeigen. Das Audit kann auch sicherstellen, daß Informationen eingeholt werden, bevor man zur Ausführung von neuen bzw. geänderten Produktionsanlagen schreitet.

Das Audit sollte neben der aktuellen Ist-Analyse der umweltbezogenen Fakten und Zustände des Unternehmens auch eine regelmäßige Erneuerung auf der Basis der sich ändernden gesetzlichen Umweltanforderungen enthalten.

Während der einzelnen Auditphasen werden Checklisten mit sich steigerndem Detaillierungsgrad eingesetzt, um die Umweltprobleme einer bestimmten Anlage, eines Betriebes oder auch des gesamten Unternehmens zu erfassen und zu bewerten.

In Anbetracht der mit einer unbeabsichtigten Verletzung der Umweltgesetze verbundenen Risiken und der Vielfalt an bestehenden Vorschriften kann eine an Vorbeugung orientierte Vorgehensweise von wesentlicher Bedeutung sein, um die mit einem sehr hart umkämpften Markt verbundenen Probleme zu reduzieren.

Über die Risikoanalyse zu möglichen Störfällen und dem Normalbetrieb der Produktionsanlagen hinaus soll der betriebliche Alltag in der Gesamtheit aller umweltrelevanten Bereiche erfaßt und beurteilt werden.

Um dem Ziel der systematischen, ganzheitlichen Analyse des Unternehmensgeschehens unter Umweltschutzaspekten gerecht zu werden, umfaßt das Audit-Instrumentarium folgende Phasen:

- **Phase I und II**

  Einstieg und Umwelt-technische Ist-Analyse

  Einstiegs-Checkliste und Grob-Checkliste (diese sind vom Unternehmen zu bearbeiten, das Datenmaterial kann bei Bedarf vom Auditteam komplettiert werden)

- **Phase III**

  Dem Umwelt-Audit als der Abgleich mit den gesetzlichen Umweltanforderungen im Sinne einer Momentaufnahme bzw. auch als kontinuierliches Audit.

- **Phase IV**

  Die Ergebnisse des Abgleichs werden in dieser Phase zusammengefaßt.

Umwelt-Auditing bietet ferner die Grundlage zu einer neuen Öffentlichkeitsarbeit, zur finanziellen und Expansionsplanung eines Unternehmens, aber auch zur Kalkulation möglicher Umwelthaftungsrisiken im Versicherungsbereich.

Zentraler Punkt des Umwelt-Audits ist der Produktionsbereich des Unterneh-

mens mit seinen Stoff- und Energiekreisläufen, eingebettet in die Unternehmensganzheit mit den Bereichen:
- Einkauf
- Finanzen und Controlling
- Marketing und Vertrieb, Öffentlichkeitsarbeit
- Verwaltung und Organisation
- Personal und Recht
- Forschung und Entwicklung, Labor, Qualitätssicherung
- Geschäftsleitung

In letzter Konsequenz, d.h. in der Umsetzung der Auditergebnisse, berührt das Umwelt-Audit auch die Verknüpfungen der einzelnen Unternehmensbereiche durch
- Information und Kommunikation, Schulung
- Planung, Steuerung, Führung
- Kontrolle

Die Audit-Vorgehensweise läßt sich in folgender Weise skizzieren:

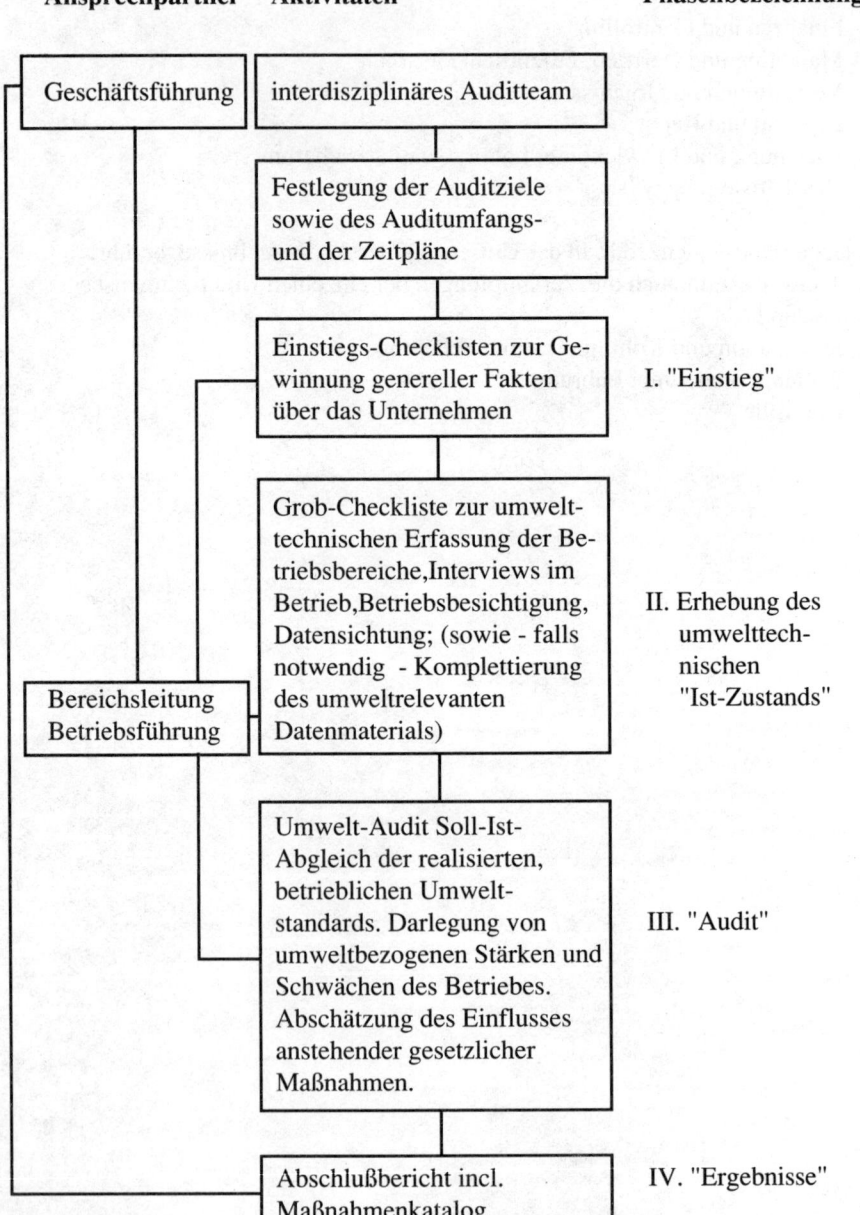

Ansprechpartner   Aktivitäten   Phasenbezeichnung

Geschäftsführung — interdisziplinäres Auditteam

Festlegung der Auditziele sowie des Auditumfangs- und der Zeitpläne

Einstiegs-Checklisten zur Gewinnung genereller Fakten über das Unternehmen — I. "Einstieg"

Grob-Checkliste zur umwelttechnischen Erfassung der Betriebsbereiche,Interviews im Betrieb,Betriebsbesichtigung, Datensichtung; (sowie - falls notwendig - Komplettierung des umweltrelevanten Datenmaterials) — II. Erhebung des umwelttechnischen "Ist-Zustands"

Bereichsleitung Betriebsführung

Umwelt-Audit Soll-Ist-Abgleich der realisierten, betrieblichen Umweltstandards. Darlegung von umweltbezogenen Stärken und Schwächen des Betriebes. Abschätzung des Einflusses anstehender gesetzlicher Maßnahmen. — III. "Audit"

Abschlußbericht incl. Maßnahmenkatalog — IV. "Ergebnisse"

Diese vier Phasen

I.   Einstieg
II.   Erhebung des umwelttechnischen Ist-Zustandes
III. Umwelt-Audit
IV. Ergebnisse
werden begleitet durch eine Reihe von Checklisten.

Phase I

Einstiegs-Checkliste

Die Einstiegs-Checkliste umfaßt im wesentlichen die Themenbereiche:
Branche, Branchenentwicklung, Absatz- und Beschaffungsmärkte
Produktprogramm des Betriebes
Umweltschutz-sensible Erfahrungen des Betriebes
Umweltschutz-bezogene Betriebsziele, Öffentlichkeitsarbeit
Organigramm
Kommunikation, Informationssysteme, Datenbanken
Budgets, Planungen im Bereich Umweltschutz
Steuerung, Führung und Controlling
Betriebliche Qualifizierungsmaßnahmen im Umweltschutz.

Nach Bearbeitung der Einstiegs-Checkliste erfolgt die Erstellung eines Projekt-Budgets sowie Aufstellung eines ungefähren Zeit- und Aktivitätsplans, der von Phase zu Phase zu konkretisieren ist.

Ferner ist das gemischt intern/extern zusammengesetzte Umwelt-Auditteam zu bilden, Zuständigkeiten und Kommunikationsmodi sind zu definieren sowie Geheimhaltungsvereinbarungen festzulegen.

Im Anschluß an diese notwendigen Basis-Definitionen erfolgt die Bearbeitung der Grob-Checklisten für die umweltrelevanten Betriebsbereiche.

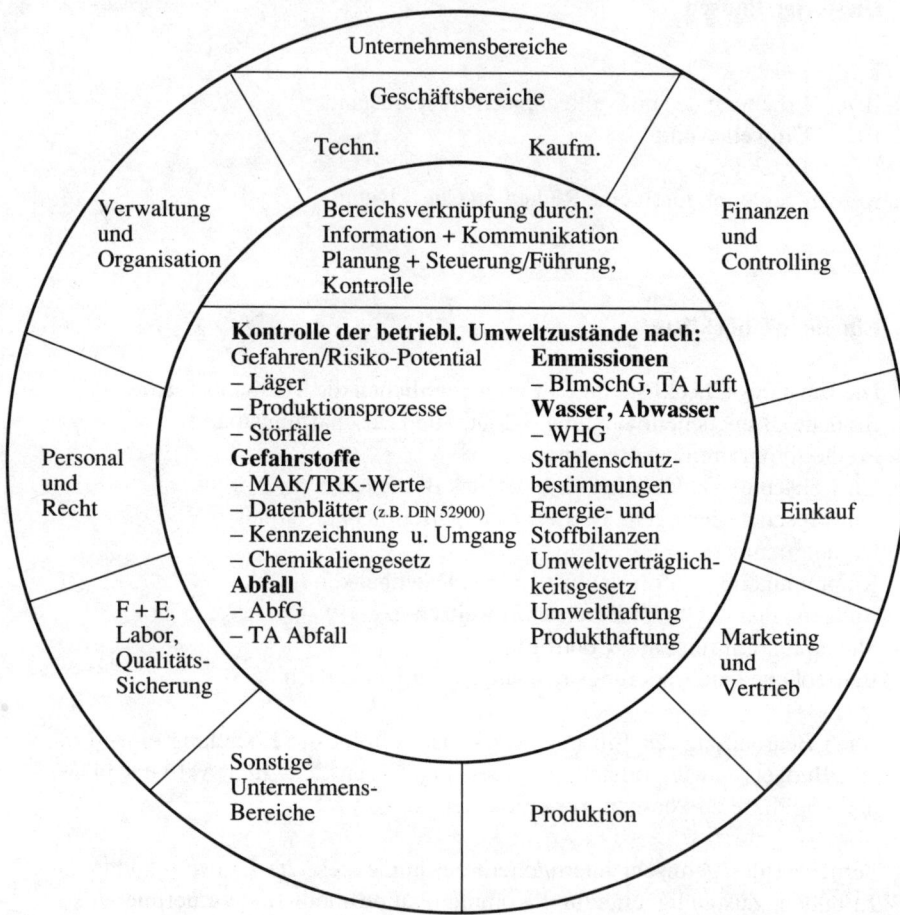

Die Analysenbereiche des Umwelt-Audits

Phase II

Erhebung des umwelt-technischen Ist-Zustandes

Grob-Checkliste Betriebsbereiche

	voll-ständig vor-handen	teil-weise vor-handen	nicht vor-handen	Inter-views im Betrieb	Betriebs-besich-tigungen	weitere Mes-sungen
				Zur Daten-Komplettierung sind noch notwendig:		
Übersicht über die Stoffkreis-läufe						
Übersicht über die Energie-kreisläufe						
Übersicht technische Abläufe, Maschinen und Ver-fahren sowie Methoden, Lagepläne						
Betriebs-interne Kontroll-pläne für - Emission - Abwasser - Arbeits-schutz - Lärm - Strahlen-schutz						

	voll-ständig vor-handen	teil-weise vor-handen	nicht vor-handen	Inter-views im Betrieb	Betriebs-besich-tigungen	weitere Mes-sungen
Zur Daten-Komplettierung sind noch notwendig:						
Emissions-kataster sowie Lage-pläne sämt-licher Emis-sionsquel-len (Schorn-steine, Be- und Ent-lüftungslei-tungen, Staubabsau-gungen etc.)						
Interne bzw. externe Meß-berichte zur Emission - einzelner Anlagen - bestimmter Produk-tionsbe-reiche						
Kopie Geneh-migungs-unterlagen einzelner Anlagen						
Stellung-nahme der Bereichslei-ter: Welche Gefahren und Risiken einer Um-weltschädi-gung sehen Sie selbst in Ihrem Betrieb?						

	voll-ständig vor-handen	teil-weise vor-handen	nicht vor-handen	Zur Daten-Komplettierung sind noch notwendig:		
				Inter-views im Betrieb	Betriebs-besich-tigungen	weitere Mes-sungen
Unterlagen zu einer bereits erfolgten Umweltver-träglich-keitsprüfung						
Rohstoff-listen und -mengen so-wie deren Sicherheits-datenblätter nach DIN 52 900						
Liste der Gefahrstoffe						
Lagerkatas-ter von Ge-fahrstoffen und sonsti-gen Chemi-kalien im Betrieb						
Untersu-chungen zur Qualität der Luft in Innenräumen und an den produktions-orientierten Arbeits-plätzen						
Lagepläne Material-zufluß-leitungen						

| | voll-ständig vor-handen | teil-weise vor-handen | nicht vor-handen | Zur Daten-Komplettierung sind noch notwendig: | | |
				Inter-views im Betrieb	Betriebs-besich-tigungen	weitere Mes-sungen
Übersicht der erfolgten Immissionsunter-suchungen, Protokoll zur Prüfung maximaler Immissions-werte						
Abwasser-kataster, insbesondere von wasserge-fährdenden Stoffen sowie Lage-pläne be-trieblicher Wasser-leitungen						
Analysener-gebnisse - einzelner Abwasser-teilströme - Gesamt-abwasser						
Betriebs-interne Abwasserbe-handlungs-anlage						
Auffang-becken für Löschwasser u. Leckagen						

| | Zur Daten-Komplettierung sind noch notwendig: | | | | | |
	voll-ständig vor-handen	teil-weise vor-handen	nicht vor-handen	Inter-views im Betrieb	Betriebs-besich-tigungen	weitere Mes-sungen
Beschrei-bung der Entsorgungs-wege, denen die Abfälle des Betriebs unterzogen werden						
Liste der Abfälle (Menge, Art und Kenn-zeichnung) sowie Auf-führung recyclba-rer Anteile						
Lagepläne betriebli-cher Abfall-deponien bzw. Alt-lasten						
Betrieb-liche Un-fallbe-richte, Not-fallpläne für - Abwasser - Abluft - Arbeits- schutz - Abfälle sowie - Gefahr- stoffe						

| | voll-ständig vor-handen | teil-weise vor-handen | nicht vor-handen | Zur Daten-Komplettierung sind noch notwendig: | | |
				Inter-views im Betrieb	Betriebs-besich-tigungen	weitere Mes-sungen
Lagepläne von Trink-wasserbrun-nen im Betriebs-bereich bzw. in der Umge-bung sowie Angaben zur Grundwas-serfließrich-tung						
Bericht über die öffent-lichen Umweltbe-schwerden sowie Behörden-auflagen, die den Betrieb in den letzten Jahren betrafen						
Unterlagen über Umwelt-absprachen zwischen Behörden und Betrieb						
Nutzungs-übersicht des Betriebs-grundstücks durch vorherige Industrie-firmen						

	voll-ständig vor-handen	teil-weise vor-handen	nicht vor-handen	Inter-views im Betrieb	Betriebs-besich-tigungen	weitere Mes-sungen
				Zur Daten-Komplettierung sind noch notwendig:		
Anlagen im Betrieb zur Vermeidung bzw. Ver-ringerung von Umwelt-ver-schmutzung - Dauer seit Inbetrieb-nahme - Wirksam-keit - Wartungs-daten - Verantwort-lichkeiten						

Parallel zur Bearbeitung der Grob-Checklisten durch den Betrieb sind erfahrungsgemäß erste Betriebsbegehungen und Interviews notwendig.

Nach Abschluß der Grob-Checklisten folgt

- die Auswertung und Diskussion der ausgefüllten Grob-Checklisten im Auditteam

- die Konkretisierung des gemeinsamen Zeitplans innerhalb des Auditteams zur Festlegung der Bereichsinterviews und Bereichsbesichtigung

Das Ziel ist die Aufstellung eines überprüfbaren Rasters der betrieblichen Umweltdaten mit den von den Bereichsleitern benannten Kontakt-Personen der jeweiligen Betriebe.

Dieses Raster kann auch als Detail-Checkliste bezeichnet werden und führt in der schematisierten Form im Endeffekt zum Soll-Ist-Vergleich, dem eigentlichen AUDIT.

Der Weg zur Aufstellung des **Umwelt-Daten-Rasters** bedeutet generell:

1. Datensichtung / Dokumentenanalyse
   z.B.
   zum Immissionsschutz
   zum Gewässerschutz
   zur Abfallentsorgung einschließlich betrieblicher
       Stoffkreisläufe und Verpackung
   zum Arbeitsschutz
   zu Transport- und Produktionsvorgängen
   zu Lagerung, Kennzeichnung und Umgang mit Gefahrstoffen
   zum Lärmschutz
   zum Strahlenschutz

2. Betriebsbegehungen

3. Interviews

4. eventuelle Literaturrecherchen (toxikologische Daten, Material- und
   Stoffkenndaten, etc.)

Es schließt sich an:
- die Aufstellung des betrieblichen Umweltdaten-Rasters (siehe hierzu die
  Checklisten im nächsten Kapitel), auf Basis der betriebsspezifischen
  Daten und Dokumente sowie der Betriebsbegehungen und Interviews mit
  dem Ziel des Abgleichs:
- Erhobener Datenumfang mit benötigtem Datenumfang
- Diskussion der im Betrieb vorzufindenden
  Umwelt-Ist-Zustandes innerhalb des Auditteams unter den
  Gesichtspunkten Auditziele, Vorgaben, Budget und
  Zeitpläne inclusive der Diskussion akuter
  Defizitbereiche bzw. umweltbezogener Datendefizite

Falls der vom Betrieb dokumentierte umwelttechnische Ist-Zustand als Beur-
teilungsgrundlage für das Audit nicht ausreicht, so erfolgt die Komplettierung des Datenmaterials sowie des Umweltdaten-Rasters
a) im organisatorisch-betriebswirtschaftlichen Bereich
b) im technisch-naturwissenschaftlichen Bereich
durch zielgerichtete Messungen, Pilotstudien (z.B. in Technikums- und Versuchsanlagen), weitere Betriebsbesichtigungen und Interviews vor Ort sowie
durch Abschätzungen zu Reparatur- und Wartungsauswirkungen.

Hat sich das Auditteam nun bis zu diesem Punkt-Abschluß der umwelt-technischen Ist-Analyse vorgearbeitet, so erfolgt das eigentliche Audit in Phase III: Das Umweltdaten-Raster wird nunmehr mit den bestehenden und vorgesehenen Umweltanforderungen verglichen.

Phase III

Umwelt-Audit

Auf der Basis der umwelt-technischen Ist-Analyse und des erstellten Daten-Rasters erfolgt nun die Zuordnung aller bestehenden Gesetze, Verordnungen, Satzungen und technischer Anleitungen auf dem Sektor Umwelt. Dann schließt sich die Überprüfung des vorher dokumentierten Ist-Zustandes für alle bestehenden und zutreffenden Umwelt-Gesetze an. Ferner folgt die grobe Wertung der Auswirkung zu erwartender neuer´Umwelt-Gesetze:

a) Soll-Ist-Vergleich der realisierten betrieblichen Umweltstandards.
   Abgleich, z.B. mit:
- Bundes-Immissionsschutzgesetz und nachgeschaltete Verordnungen so-wie technische Anleitungen (TA Luft, TA Lärm oder auch VDI-Richtlinien)
- Wasserhaushaltsgesetz und nachgeschaltete Verordnungen
- Abwasserabgabengesetz und nachgeschaltete Verordnungen
- Abfallgesetz und nachgeschaltete Verordnungen sowie technische Anlei-tungen (TA Abfall)
- Altölgesetz
- Chemikaliengesetz und nachgeschaltete Verordnungen sowie Technische Regeln Gefahrstoffe
- Atomgesetz und Strahlenschutzbestimmungen
- Gefahrgutgesetz und Gefahrguttransportvorschriften
- Umweltverträglichkeitsprüfungsgesetz und Bundesnaturschutzgesetz
- Umwelthaftungsgesetz
- sonstige internationale, europäische, nationale, regionale oder lokale be-hördliche Umweltanforderungen und Ausführungsbestimmungen
   sowie darüber hinaus auch der Abgleich mit der Unternehmensphiloso-phie, sofern in dieser Umweltziele definiert sind, die über die gesetzlichen Anforderungen hinausgehen.

b) Darlegung von umweltbezogenen Stärken und Schwächen des Betriebes
   Auf der Basis der Erfahrung des interdisziplinären Auditteams kann im

Schritt b) ein Schema verwendet werden, das sich ebenfalls an den o.g.
Gesetzen und Vorschriften orientiert.

c) Szenario: Einfluß neuer bzw. in der Diskussion befindlicher gesetzlicher
    Maßnahmen

Die Schritte b) und c) sollten - soweit möglich - eine Abschätzung des potentiellen finanziellen Schadensumfangs (Schwächen) und der potentiellen Ein-
sparungen (Stärken) aufzeigen.

Darüberhinaus soll auch das betriebliche Risiko bei der Durchführung von
Reinigungs-, Wartungs- und Reparaturarbeiten an Anlagen, Zuleitungen und
Lagervorrichtungen unter Umweltgesichtspunkten im Audit berücksichtigt
werden.

Die Resultate des Audits werden in Phase IV zusammengefaßt:

Phase IV

Ergebnisse

Präsentation des Abschlußberichts als **"Environmental Auditing Manual"**
mit einem Maßnahmenkatalog zum Abbau der betrieblichen Umweltdefizite.

Das "Auditing Manual" soll nach Möglichkeit ein Fließschema enthalten, das
sich am Soll-Ist-Vergleich der betrieblichen Umweltstandards und am bereits
erstellten Daten-Raster orientiert.

An das Fließschema kann dann der Maßnahmenkatalog themenbezogen an-
gekoppelt werden.

Das Manual sollte außerdem relativ leicht ermöglichen, umwelt-gesetzliche
Neuerungen einzuarbeiten, um das Audit jederzeit aktualisieren zu können.

An das Manual kann sich optional anschließen:
Maßnahmenkontrolle und Begleitung der Umsetzung der vorgeschlagenen
Maßnahmen zum Abbau akuter Defizitbereiche auf der Management- und
auf der technischen Ebene sowie die Überprüfung der Effizienz der umge-
setzten Maßnahmen.

Das Fließschema "Auditing Manual" kann sich z.B. wie folgt strukturieren:

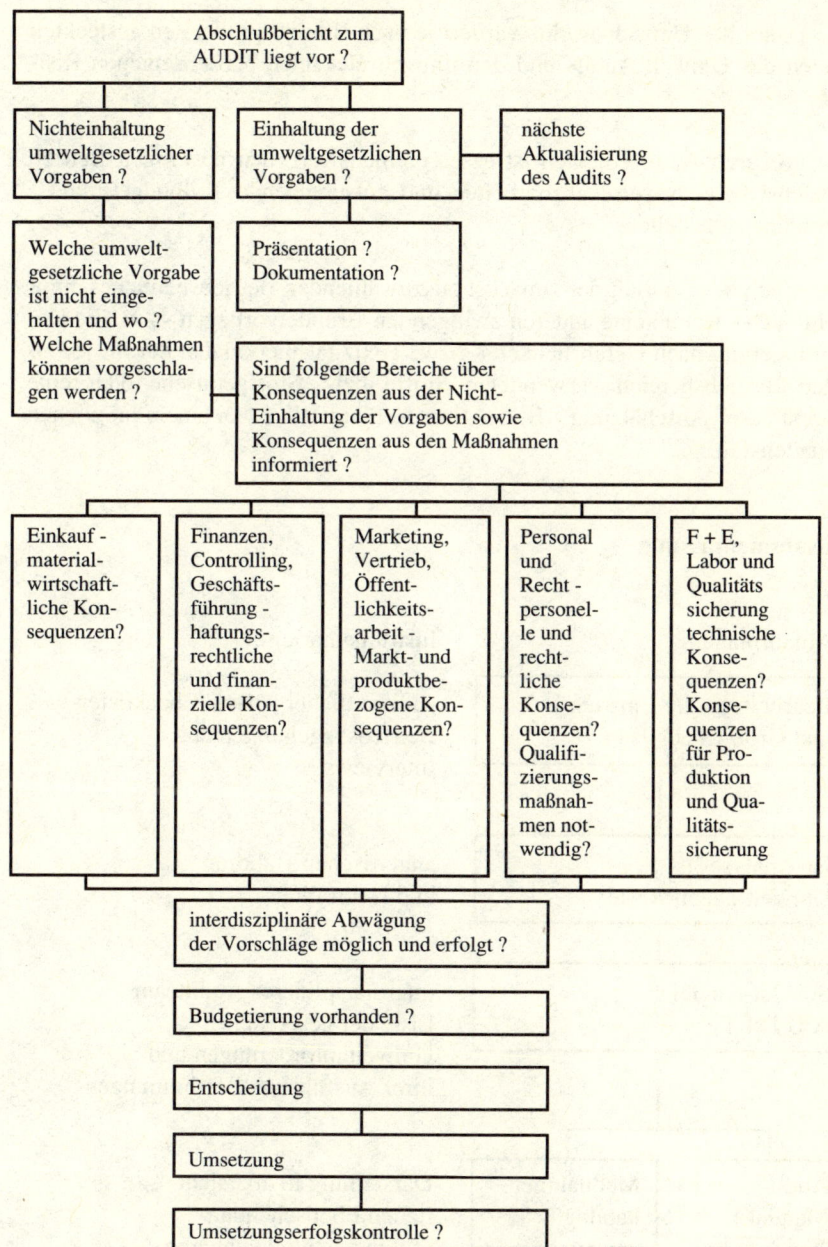

Abschlußbericht zum AUDIT liegt vor?

Nichteinhaltung umweltgesetzlicher Vorgaben?

Einhaltung der umweltgesetzlichen Vorgaben?

nächste Aktualisierung des Audits?

Welche umweltgesetzliche Vorgabe ist nicht eingehalten und wo? Welche Maßnahmen können vorgeschlagen werden?

Präsentation? Dokumentation?

Sind folgende Bereiche über Konsequenzen aus der Nicht-Einhaltung der Vorgaben sowie Konsequenzen aus den Maßnahmen informiert?

Einkauf - materialwirtschaftliche Konsequenzen?

Finanzen, Controlling, Geschäftsführung - haftungsrechtliche und finanzielle Konsequenzen?

Marketing, Vertrieb, Öffentlichkeitsarbeit - Markt- und produktbezogene Konsequenzen?

Personal und Recht - personelle und rechtliche Konsequenzen? Qualifizierungsmaßnahmen notwendig?

F + E, Labor und Qualitätssicherung technische Konsequenzen? Konsequenzen für Produktion und Qualitätssicherung

interdisziplinäre Abwägung der Vorschläge möglich und erfolgt?

Budgetierung vorhanden?

Entscheidung

Umsetzung

Umsetzungserfolgskontrolle?

Die Dauer des Umwelt-Audits variiert je nach Betriebsgröße, den gesteckten Zielen des Umwelt-Audits und den umweltrelevanten betriebseigenen Risiken.

Bei größeren Auditprojekten ist es empfehlenswert, den jeweiligen Betrieb zunächst bereichsweise abzuarbeiten und entsprechende Teilbudgets und -Zeitpläne zu erstellen.

Bezüglich der Priorität des zunächst auszuwählenden Betriebsbereiches empfiehlt sich - wenn keine anderen zwingenden Gründe vorliegen - z.b. die Kategorisierung nach Gefährlichkeits- bzw. Toxizitätsmerkmalen der im jeweiligen Betriebsbereich verwendeten Stoffe bzw. Stoffgemische oder eine "worst case"-Abschätzung z.b. des finanziellen Risikos bei einem möglichen Schadensfall.

Zusammenfassung

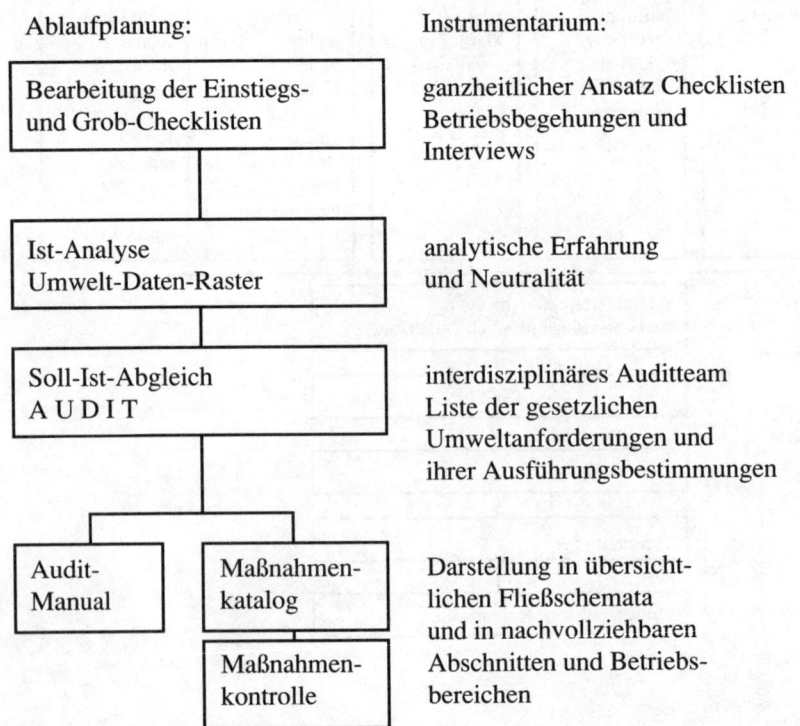

Ablaufplanung: Instrumentarium:

Bearbeitung der Einstiegs-   ganzheitlicher Ansatz Checklisten
und Grob-Checklisten   Betriebsbegehungen und
                                        Interviews

Ist-Analyse   analytische Erfahrung
Umwelt-Daten-Raster   und Neutralität

Soll-Ist-Abgleich   interdisziplinäres Auditteam
A U D I T   Liste der gesetzlichen
                                       Umweltanforderungen und
                                       ihrer Ausführungsbestimmungen

Audit-   Maßnahmen-   Darstellung in übersicht-
Manual   katalog   lichen Fließschemata
                                       und in nachvollziehbaren
                Maßnahmen-   Abschnitten und Betriebs-
                kontrolle   bereichen

Das vorgestellte Umwelt-Audit-Instrumentarium und die Ablaufplanung soll folgende Ziele sicherstellen:

- Sicherheit für den Betrieb, daß Umweltschutzbestimmungen eingehalten werden und keine verdeckten Risiken bestehen
- Hilfestellung für Umweltschutzbeauftragte, aber auch für Betriebsleiter und operativ Verantwortliche hinsichtlich einer effizienten Durchführung des Umweltmanagements
- Identifizierung von Schwachstellen, Risiken und Kostensenkungspotentialen, aber auch Aufzeigung der Umwelt-Stärken des Betriebes
- Liefern einer profunden Datengrundlage in Umweltfragen
- Abschätzbarkeit des umweltbezogenen Haftungsrisikos des Betriebes

Umweltdaten-Raster

Das Umweltdaten-Raster besteht im wesentlichen aus anlagen- bzw. betriebsbezogenen Checklisten, die das Auditteam zum Soll-Ist-Abgleich (Phase III,
"Audit") benötigt.

Diese Checklisten umfassen die Bereiche
- Abfall
- Abwasser
- Abluft und Immissionsschutz
- Arbeitsschutz incl. Lärmschutz
- Chemikaliengesetz und Transportvorschriften
- Produktionsanlagen im Normal- und Störfallbetrieb,
sie können aber auch einen Leitfaden für ein betriebsinternes und selbst
durchgeführtes Umwelt-Audit darstellen.

Erfahrungsgemäß ist es jedoch besonders für kleinere und mittlere Betriebe
ein Problem, über alle notwendigen Umweltbeauftragten bzw. -Fachleute zu
verfügen. Aus finanziellen Gründen lohnt es sich aber, die Checklisten zunächst betriebsintern "abzuarbeiten" und in speziellen Fällen problemorientiert externe Beratung hinzuzuziehen.

Vielleicht ist auch die "Investition" in einen betriebseigenen Umweltberater
mit technischer Grundausbildung in Teilbereichen günstiger als das Einkau-
fen von externem Know-how. Lassen Sie sich für Ihren Betrieb auf der Basis
der von Ihnen vorab bearbeiteten Checklisten und einer sicherlich notwendigen ersten Betriebsbegehung Angebote für ein Umwelt-Audit machen.

Wenn Sie Geheimhaltungsprobleme in Sachen Produkte, Verfahren und Anlagen haben, dann treffen Sie erst eine Vorauswahl bei den Audit-Anbietern
und schließen dann konkrete Geheimhaltungsvereinbarungen ab.
Es ist für Sie von Vorteil, wenn der Audit-Anbieter unabhängig und neutral
ist und über ein erfahrenes sowie überzeugendes, interdisziplinäres Auditteam verfügt, das er Ihnen auch Ihren Vorstellungen entsprechend zur Verfügung stellen kann.
Die Frage ist auch, ob der Audit-Anbieter nach erfolgtem Audit die notwen-
dige Unterstützung bei der Umsetzung der notwendigen Maßnahmen und deren Erfolgskontrolle anbietet.
Der erste innerbetriebliche Schritt vor der Angebotseinholung ist jedoch die
Abarbeitung des Umweltdaten-Rasters, um die Datenbasis zum eigentlichen
Audit zu "liefern".

Checkliste ABFALL	Art	Menge	Häufig-keit	Form, Beschaffenheit, Gefährlichkeitsmerkmale, Verhalten in der Umwelt, Wirkung auf Organismen
Welche Rohstoffe und Materialien, incl. Verpakkungen, kauft der Betrieb ein?				
Welche Rohstoffverunreinigungen sind im Betrieb bekannt?				
Welche Produkte stellt der Betrieb her? (Welche ökonomische Relevanz haben diese Produkte für den Betrieb?)				
Welche Produktverunreinigungen sind im Betrieb bekannt?				
Welche Zwischen- und Nebenprodukte sowie Reststoffe fallen wo an?				
Welche Zwischen-, Neben- und Abfallprodukte fallen als Emissionen bzw. im Abwasser an?				
Welche betriebsinternen, eventuell auch Mitarbeiter-Haushalte miteinbeziehende Schadstoff-Sammelstellen gibt es?				
Werden die Abfälle im Betrieb getrennt gesammelt? (z.B. auch die gebrauchten halogenierten Lösungsmittel im Betrieb)				

	Art	Menge	Häufig-keit	Form, Beschaffenheit, Gefährlichkeitsmerkmale, Verhalten in der Umwelt, Wirkung auf Organismen
Wo werden Abfälle im Betrieb gesammelt und gelagert?				
Gibt es recycelbare Anteile, verwertbare Reststoffe im Abfall?				
Welche Abfälle fallen fest, flüssig oder gasförmig bzw. als Gemisch an?				
Fallen Anteile der betrieblichen Abfälle unter - § 1 des Abfallgesetzes - § 5a des Abfallgesetzes bzw. handelt es sich um Sonderabfall im Sinne der Abfallnachweis-Verordnung?				
Was passiert mit den Abfällen nach Verlassen des Betriebes? - Verbrennung - Deponierung - Aufbereitung				
Die betrieblichen Notfallpläne bzw. Sicherheitsanalysen betreffen im Brandfall oder bei innerbetrieblichen Transportunfällen welche Abfälle?				
Welche Umweltvorschäden bzw. Altlasten gibt es - außerhalb des Firmengeländes (aber in direkter Umgebung) - innerhalb des Firmengeländes				

	Art	Menge	Häufig-keit	Form, Beschaffenheit, Gefährlichkeitsmerkmale, Verhalten in der Umwelt, Wirkung auf Organismen
Sind Oberflächen- oder Grundwasserschäden in Zusammenhang mit den Umweltvorschäden, betriebseigenen Abfalldeponien oder Altlasten aufgetreten?				
Zu welchen betrieblichen Vorschäden, Abfalldeponien bzw. Altlasten liegen Sondierungen bzw. ausführliche Gutachten vor? (Sind Überschreitungen der "holländischen Liste" bereits dokumentiert oder wahrscheinlich?)				
Durch welche Produktionsverfahren entstehen welche Abfälle im Betrieb?				
Welche Anteile des betrieblichen Abfalls sind biologisch abbaubar?				
Wurden in dem Betrieb asbesthaltige oder ähnlich faserige Materialien verwendet?				
Welche Verpackungsverunreinigungen sind im Betrieb bekannt?				
Zu welchen Vorschäden bzw. Altlasten wurde die Sanierung bereits eingeleitet oder ist noch in der Konzeptionsphase?				

Können Abfälle im Betrieb vermieden werden durch:	mögliche einzu- sparende Abfall- menge pro Jahr	mögliche Verrin- gerung des Schad- stoff- eintra- ges pro Jahr	zusätzlich erforder- liche ge- rätetech- nische Investi- tionen	Welche Vorteile ergeben sich daraus für den Betrieb?
Wahl eines an- deren Rohstoffes				
Wahl eines ge- änderten bzw. neuen Pro- duktionsver- fahrens				
Wahl eines an- deren Rohstoff- lieferanten				
Produktionsver- lagerung zu an- deren Betrieben mit besseren Recyclingmög- lichkeiten				
Änderung von Produkt- bzw. Rohstoffver- packungen von Kunststoff z.B. in Glas bzw. Papier oder Pappe bzw. in ähnliche um- weltfreund- lichere Alter- nativen				
Suche nach Abfallver- wertungs- möglich- keiten im Be- trieb bzw. an Abfallbörsen o.ä.				

Können Abfälle im Betrieb vermieden bzw. verwertet werden durch:	mögliche einzu-sparende Abfall-menge pro Jahr	mögliche Verrin-gerung des Schad-stoff-eintra-ges pro Jahr	zusätzlich erforder-liche ge-rätetech-nische Investi-tionen	Welche Vorteile ergeben sich daraus für den Betrieb?
Beratung durch kommunalen Abfallberater				
Vereinbarung von Pfand- und Rückgabekonzepten mit den Rohstofflieferanten				
präventive Entsorgungsberatung bei der Neuplanung von Anlagen und Produkten				
weiterführende Qualifikation der Betriebsangehörigen				
Einführung eines betrieblichen Abfallbeauftragten mit entsprechenden Eingriffsmöglichkeiten in Produktions- und Produktentscheidungen				

Checkliste ABWASSER	Art	Menge	Häufig-keit	Wasserge-fährdungs-merkmale, Abbaubarkeit, bekannte Abbau-zwischenproduk-te, Verhalten in der Kläranlage bzw. bei der Wasseraufberei-tung, Fisch-toxizität
Welche Rohstoffe und Materialien incl. Ver-packung kauft der Betrieb ein?				
Welche Produkte stellt der Betrieb her?				
Welche Zwischen- und Nebenprodukte sowie Reststoffe fallen wo an?				
In welchen Anlagen des Betriebes werden was-sergefährdende Stoffe eingesetzt, produziert gesammelt bzw. können entstehen? (Vergl. Katalog was-sergefährdender Stof-fe)				
Wie setzen sich die Abwasserabgaben des Betriebes zusammen?				

	Menge pro Jahr	Parameter (Stoffe), die im Normalbetrieb ins Wasser geraten und deren Konzentrationsbereiche im Abwasser bzw. in Abwasserteilströmen	Welche Parameter (Stoffe) können im Störfall ins Wasser geraten? Deren abgeschätzter Konzentrationsbereich im Abwasser bzw. in Abwasserteilströmen?	Welche Vorteile, Nachteile (Risiken) ergeben sich daraus für den Betrieb?
Für welchen Zweck verwendet der Betrieb Wasser? - Kühlwasser - Prozeß-, Reaktionswasser, Lösungsmittel - Wasser für sanitäre Anlagen - Wasser zur Dampferzeugung und Erwärmung, Heizung Wie verteilt sich das eingehende Wasser auf die einzelnen Produktionsstätten bzw. Produktionsuntereinheiten des Betriebes? Welche Abwasserströme verlassen den Betrieb - vor einer möglichen Aufbereitung - und nach einer möglichen Aufbereitung - als Indirekt-Einleitung - als Direkt-Einleitung?				

Können Abwässer im Betrieb reduziert bzw. weniger belastet werden durch:	mögliche einzusparende Wassermenge pro Jahr	mögliche Verringerung des Schadstoffeintrages pro Jahr	zusätzlich erforderliche gerätetechnische Investitionen	Welche Vorteile ergeben sich daraus für den Betrieb?
Sparsame Verwendung im Sanitärbereich				
Kreisführung im Kühlwasserbereich				
Änderung der Produktionsverfahren, z.B. durch Kreisführung im Prozeßwasserbereich oder durch Einbau von Wärmerückgewinnungsanlagen				
Änderung der Rohstoffmodifikation von flüssig auf fest				
Zusätzliche Filtrations-, Abbau- bzw. Aufbereitungsschritte				
Austausch wassergefährdender Stoffe gegen weniger oder nicht wassergefährdende Stoffe, z.B. unter Bezug auf § 22 des Wasserhaushaltsgesetzes				

Können Abwässer im Betrieb reduziert bzw. weniger belastet werden durch:	mögliche einzusparende Wassermenge pro Jahr	mögliche Verringerung des Schadstoffeintrages pro Jahr	zusätzlich erforderliche gerätetechnische Investitionen	Welche Vorteile ergeben sich daraus für den Betrieb?
Ausarbeitung von Abwassernotfallplänen bzw. Sicherheitsanalysen für Leckagen und Brand-, Explosionsbzw. Hochwasserfälle?				
Ausarbeitung von Sofortmaßnahmekonzepten für Gewässerverunreinigungen, z.B. bei Mineralölunfällen				
Niederbringung von Bohrungen sowie Analyse aus bereits vorhandenen Brunnen zur regelmäßigen Grundwasserüberwachung im Betriebsbereich sowie in dessen direkter Umgebung				
Einführung eines Betriebsbeauftragten für Gewässerschutz mit entsprechenden Eingriffsmöglichkeiten in Produktionsund Produktentscheidungen				

Checkliste ABLUFT	Art	Menge	Häufig-keit	Emissionsklasse, Werte für die maximalen Arbeits platzkonzentra-tionen ("MAK") bzw. Technische Richtkonzentra-tionen ("TRK"), Listung als krebs-erzeugender bzw. krebsverdächtiger Stoff, Toxizitäts-merkmale, Verhal-ten in der Umwelt
Welche Rohstoffe und Materialien incl. Ver-packung kauft der Be-trieb ein?				
Welche Produkte stellt der Betrieb her?				
Welche Zwischen-, Neben- und Abfall-produkte fallen wo an?				
In welchen Anlagen des Betriebes werden Stof-fe nach Anlage II der Störfall-Verordnung eingesetzt, produ-ziert bzw. können entstehen?				
Welche Gasemissionen werden an im Betrieb vorhandenen bzw. zum Be-trieb gehörenden Abfall-deponien bzw. Altlasten geprüft?				

	Menge pro Jahr	Parameter (Stoffe), die im Normalbetrieb emittiert werden und deren Konzentrationsbereiche in der Abluft	Parameter (Stoffe), die im Störfall emittiert werden können und deren abzuschätzende Konzentrationsbereiche in der Abluft	Welche Vorteile, Nachteile (Risiken), ergeben sich daraus für den Betrieb?
Welche Parameter (Stoffe) werden an welchen Stellen emittiert? - Betriebsschornsteine - Abluftsammelanlagen - Abluftfilter - Produktionsanlagen - Leitungen mit flüchtigen Stoffen - Stellen thermischer Produktvor- bzw. -nachbehandlung Welche Abluftströme verlassen den Betrieb? Welche Immissionen wirken auf den Betrieb ein, z.B. durch Nachbarbetriebe, Verkehrswege etc.?				

	Menge pro Jahr	Parameter (Stoffe), die im Normal-betrieb emit-tiert werden und deren Konzen-trations-bereiche in der Abluft	Parameter (Stoffe), die im Störfall emittiert werden können und deren abzu-schätzen-de Kon-zentra-tionsbe-reiche in der Ab-luft	Welche Vorteile, Nachteile (Risiken), ergeben sich daraus für den Betrieb?
Für welche der emittierten Schadstoffe sind Immissionswerte festgelegt?				
Welche Abluftströme beeinträchtigen die Luft an den Arbeitsplätzen, z.B. durch Undichtigkeiten bzw. schlechte Absaugung?				
Über welche Stoffe gibt es Anwohnerbeschwerden wegen Geruchsbelästigung?				

Kann die Abluft-belastung des Be-triebes reduziert werden durch:	mögliche Verrin-gerung der Ab-luftbe-lastung pro Jahr	zusätzlich erforder-liche ge-rätetech-nische Investi-tionen	Welche Verbesse-rungen der Luft an Arbeits-plätzen sind zu erwarten?	Welche Vorteile ergeben sich daraus für den Betrieb?
Anwendung einer ver-besserten Filter-technik, z.B. durch Einbau von Absorp-tionsfiltern bzw. Staub-filtern etc.				
Änderung des Produktions-verfahrens und Vermeidung der möglichen Emis-sionen direkt am Entstehungs-ort, d.h. den jeweiligen An-lagen (z.B. durch "Verkapse-lung" von Anla-gen)				
Kreisführung von Prozeßluft (evtl. unter Wärmerückge-winnung)				

Kann die Abluft-belastung des Be-triebes reduziert werden durch:	mögliche Verrin-gerung der Ab-luftbe-lastung pro Jahr	zusätzlich erforder-liche ge-rätetech-nische Investi-tionen	Welche Verbesse-rungen der Luft an Arbeits-plätzen sind zu erwarten?	Welche Vorteile ergeben sich daraus für den Betrieb?
Austausch stark flüchtiger, mit kleinen MAK- oder TRK-Werten verse-hener und in Anla-ge II der Stör-fallverordnung genannter Stoffe gegen weniger flüchtige und weniger toxische Stoffe in den Bereichen Ein-kauf, F+E, Labor sowie Produktion				
Ausarbeitung von Abluft-Notfall-plänen bzw. Sicher-heitsanalysen für Leckagen und Brand-, Explo-sions- sowie Hoch-wasserfälle				
kontinuierliche Dokumentation, z.B. in Halbstunden- oder Tagesmittelwerten ausgewählter Schadstoff parameter in der Abluft (Stickoxide, Kohlenmonoxid, Gesamtorganischer Kohlenstoff, etc.)				
Einführung eines Betriebsbeauf-tragten für Immis-sion mit entspre-chenden Eingriffs-möglichkeiten				

(Ein ähnliches Raster kann z.B. in Fragen des Lärmschutzes verwendet und mit den in der TA Lärm genannten Anforderungen für Arbeitsplätze abgeglichen werden)

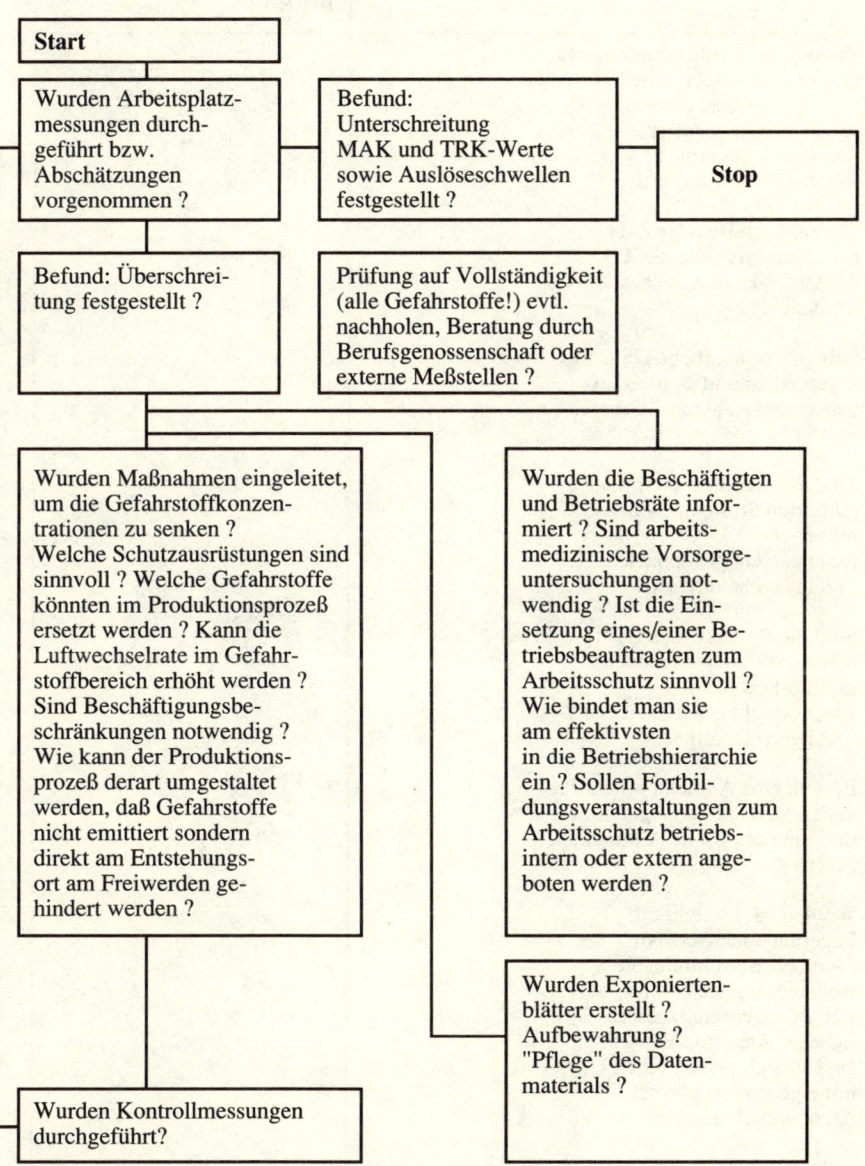

Checkliste CHEMIKALIENGESETZ UND TRANSPORTVORSCHRIFTEN	Welches Risiko, welche Vorteile und welche Konsequenzen ergeben sich daraus für den Betrieb ?
Werden die produzierten Stoffe und Zubereitungen innerbetrieblich - sachgerecht gekennzeichnet? - sachgerecht gelagert? - sachgerecht verpackt? - sachgerecht transportiert?	
Sind z.B. Stoffe oder Zubereitungen im Sinne des § 3 des Chemikaliengesetzes vorhanden?	
Gibt es verständliche Umgangsvorschriften und Betriebsanweisungen zu gefährlichen Stoffen?	
Sind die zum Betrieb transportierten Stoffe und Zubereitungen - sachgerecht gekennzeichnet? - sachgerecht verpackt?	
Sind die Produkte des Betriebes, die zu den Kunden transportiert werden - sachgerecht gekennzeichnet? - sachgerecht verpackt?	
Besteht eine Anmeldepflicht für in den Verkehr gebrachte Stoffe im Sinne des § 4 des Chemikaliengesetzes?	
Werden bei Produktion, Lagerung und Transport eventuell Bestimmungen weiterer Gesetze berührt, wie z.B. Pflanzenschutzgesetz, Lebensmittel- und Bedarfsgegenständegesetz, Futtermittelgesetz, Altölgesetz, Arzneimittelgesetz, etc.?	

	Welches Risiko, welche Vorteile und welche Konsequenzen ergeben sich daraus für den Betrieb ?
Gibt es eine Aufstellung, welche gefährlichen Stoffe an welchen Stellen des Betriebes unter welchen Bedingungen - verwendet - gelagert - gebraucht gesammelt werden?	
Betrifft diese Aufstellung auch betriebseigene Kraftstofftanks bzw. Ölsammelbehälter?	
Ist diese Aufstellung mit Gefähr-lichkeitsmerkmalen unterlegt?	
Gibt es Notfallpläne bzw. Sicher-heitsanalysen für - Brände - Wasserschäden (z.B. Hochwasser) - Explosionen, andere thermische und mechanische Ursachen - Löschwasserauffang in Zusammenhang mit den gefähr-lichen Stoffen?	
Wie wird der Kenntnisstand der Mitarbeiter in Sachen Umgang mit und Kennzeichnung von gefährlichen Stoffen ge-sichert?	
Gibt es einen Gefahrgut-Beauftragten im Betrieb?	

Checkliste PRODUKTIONS-ANLAGEN	im Bereich Emission/ Immission	im Abwasser-bereich	in den Be-reichen Arbeits-schutz, Lärm-schutz, Strahlen-schutz
Welche anlagenspezifischen Parameter kontrolliert im Normalbetrieb - der Betrieb selbst? - die Gewerbeaufsicht? - ein externes Institut?			
Welche zu dokumentierenden anlagenspezifischen Parameter im Normalbetrieb leiten sich aus den be-hördlichen Genehmigungs-unterlagen ab?			
Welche Parameter im Nor-malbetrieb unterzieht der Betrieb wie häufig welcher Art von Kon-trolle?			
Wie liegen diese Para-meter im Vergleich zu den gesetzlichen Maximal-werten, Auslöseschwel-len und Vorgaben, aus-gehend vom Normalbe-trieb der Anlagen?			
Fällt die Anlage unter das Bundes-Immissionsschutz-gesetz bzw. werden Stoffe nach Anlage II der Stör-fall-Verordnung eingesetzt, produziert bzw. können ent-stehen?			

	im Bereich Emission/ Immission	im Abwasser-bereich	in den Bereichen Arbeits-schutz, Lärm-schutz, Strahlen-schutz
Wenn ja: - Sind die Anforderungen zur Verhinderung von Störfällen im Sinne § 4 Störfall-VO er-füllt? - Sind die Anforderungen zur Begrenzung von Störfallauswirkungen im Sinne der §§ 5 und 6 erfüllt? Welche technischen und/ oder organisatorischen Konsequenzen ergeben sich aus der Sicherheitsana-lyse nach §§ 7 und 8 der Störfall-VO? Ist in dieser Störfall-Risikoanalyse auch die Möglichkeit von Gefahr-guttransporten mit be-rücksichtigt worden?			

Produktqualitätssicherung unter Umweltgesichtspunkten

Das vorseitig dargestellte Umwelt-Audit ist im wesentlichen Anlagen- bzw. betriebsbezogen aufgebaut. Produktbezogene Umweltrisiken werden darin nicht ausreichend erfaßt. Umweltanforderungen an ein Produkt überlappen sich jedoch zum Teil mit den Folgen von nicht erfüllten Anforderungen an die Produktionsanlagen.

Eine Produktqualitätssicherung unter ergänzenden Umweltgesichtspunkten ist daher zur Vervollständigung der Risikoabschätzung eines produzierenden Betriebes notwendig, auch als Folge einer Produkthaftpflicht im Sinne des § 54 des Bundes-Immissionsschutzgesetzes sowie im Zuge von Selbstbeschränkungsabkommen einzelner Industriezweige.

Wie schnell aus einer Nichterfüllung von produktbezogenen Anforderungen ein betriebliches Risiko werden kann, haben z.b. eine Reihe von Spielzeugherstellern mit Schwermetallkontaminationen in Spielzeugprodukten zu spüren bekommen. Ähnliches gilt z.b. auch für Hersteller von Kosmetika bzw. Reinigungsartikeln mit Spuren von Rohstoffverunreinigungen bzw. unerwünschten Konservierungsmitteln im Produkt.

Die Reste von Konservierungsmitteln im Produkt, resultierend aus der Rohstoffkonservierung (z.b. beim Vorlieferanten) geben ein Stichwort zum Verständnis, was umweltorientierte Anforderungen für Produkte sind oder sein können:

Bis vor wenigen Jahren gehörte die Formaldehydkonservierung von tensidhaltigen Produkten und Rohstoffen zum handelsüblichen Standard.

Angeregt durch tierexperimentelle Studien und diese aufgreifende Presseveröffentlichungen wurde innerhalb von wenigen Wochen eine neue "Umweltanforderung" für tensidhaltige Produkte (wie z.B. Shampoos, Dusch- und Schaumbädern) geschaffen, nämlich Formaldehyd-frei zu sein.

Mit etwas Zeitversetzung trug auch der Gesetzgeber der Formaldehyd-Diskussion Rechnung, z.B. durch entsprechende Gefährlichkeitseinstufung in der "MAK-Liste" bzw. Emissionsbegrenzungen für Formaldehyd aus Sperrholz.

Da aber das Formaldehyd-Ersatzstoffgemisch Kathon CG zur Konservierung tensidhaltiger Produkte kurze Zeit später eine Hautverträglichkeits-Diskussion unter den Fachleuten auslöste, entstand - wiederum sozusagen in wenigen Wochen - eine weitere Anforderung für tensidhaltige Produkte als Antwort auf verständliche Hautverträglichkeits-Qualitätsansprüche der Verbraucher.

Manche produktbezogene Anforderung, besonders im weitgefaßten Umweltbereich, entsteht sozusagen "über Nacht" durch entsprechende Rundfunk-, Fernseh- bzw. Presseberichte, z.B.:
- Dioxan und Nitrosamine in Tensidprodukten
- Lösungsmittel in Faserstiften
- Pestizide in Kosmetikrohstoffen, in Nahrungsmitteln und im Trinkwasser
- Schwermetalle in Knetgummi
- Natriumlaurylsulfat in Zahnpasta
- Paradichlorbenzol in WC-Steinen
- Nitrat in Trink- und Mineralwasser
- Nitrosamine in Bier, Babysaugern und Kosmetikartikeln
- Strahlungsbelastete Lebensmittel
- Formaldehyd, Pentachlorphenol und Lindan in Einrichtungsgegenständen

Diese Aufzählung stellt nur eine willkürliche Auswahl dar.

Doch schon diese Auswahl zeigt, daß die sogenannten Umweltanforderungen für Produkte zwei verschiedene Dimensionen haben können:
- eine wissenschaftliche
- eine öffentlichkeitswirksame, am Verbraucherschutz orientierte

Beiden Dimensionen mit ihrer gelegentlich emotionalen Verarbeitung muß eine vorbeugende Qualitätssicherung unter Umweltgesichtspunkten Rechnung tragen.

Bevor ein Produkt auf den Markt kommt, durchläuft es in der Regel eine Reihe von Stadien:

- Idee, Konzept
- Entwicklung
- Marktstudien (eventuell parallel oder vor der Entwicklung)
- Pilotvertrieb (z.B. an hauseigene Mitarbeiter unter Begleitung von Fragebögen)
- Produktion incl. Verpackung
- Vertrieb

Es erscheint logischer und leichter, Umweltanforderungen bereits im Entwicklungsstadium bzw. in der Konzeptionsphase mit einzubeziehen als etwa erst nach der Produktion bzw. nach dem Vertrieb.

Falls ein Produkt nach Produktion und Vertrieb nicht den Umweltanforderungen entspricht (die, wie bereits erwähnt, durch Presse, Rundfunk und Fernsehen sehr kurzfristig entstehen können), werden von den Betrieben manchmal Abstreitungs- und In-Frage-Stellungs-Strategien zum Zeitgewinn bzw. in der Hoffnung auf eventuelle "Vergeßlichkeit des Verbrauchers" (bis sich die Wogen geglättet haben) verwendet. Währenddessen wird das Produkt intern geprüft und erst danach überarbeitet, häufig auch erst durch entsprechende Reaktionen des Handels.

Dies ist jedoch ein reaktives Handeln, weil der Betrieb sich in Bezug auf diese neue Umweltanforderung in die Defensive begibt. So können auch entsprechende Imageverluste in der Öffentlichkeit entstehen.

Es ist in Zeiten eines wachsend-kritischen Verbraucherbewußtseins, eines gestiegenen Haftungsrisikos und aufmerksamer gesetzgeberischer Kontrollen jedoch ein vorbeugendes, aktives Handeln gefragt - das bereits im Frühstadium des Produktes ansetzen sollte.

Ein solches aktives Handeln kann sich produktbezogen an denselben Prinzipien der Checklisten und Fließpläne orientieren, derer sich auch das Audit-Team im Betrieb bedient, um die Risikoabschätzung unter Umweltgesichtspunkten zu erstellen.

Eine Reihe notwendiger Modifikationen und Erweiterungen in Richtung des Produktes werden in den nachfolgenden Checklisten dargestellt.

Checkliste VERPACKUNG	Welche Vorteile, welche Nachteile (Risiko) und welche Konsequenzen ergeben sich daraus für den Betrieb?
Verhältnis Verpackungsvolumen zu Inhaltsvolumen?	
Verhältnis Verpackungsgewicht zur Inhaltsmenge?	
Wie sind diese beiden Verhältnisse bei den wichtigsten Wettbewerbern? Gibt es Hinweise auf "Mogelpackungen" im Sinne der Fertigpackungs-Verordnung?	
Ist das Verpackungsmaterial - homogen? - recyclingfähig? - frei von halogenierten Anteilen? - schwermetall- bzw. lösungsmittelkontaminiert? - aus Kunststoff bzw. aus PVC oder PVDC?	
Welche Stoffe können aus dem Verpackungsmaterial bei der Entsorgung - durch Verbrennung - durch Deponierung - durch Aufbereitung entstehen?	
Gefährlichkeitsmerkmale? Ist eine "worst case"-Mengenabschätzung dieser Stoffe möglich?	
Welche Schadstoffe werden bei der Produktion der Verpackung freigesetzt?	
Wie energie-intensiv wurde die Verpackung hergestellt? Gibt es energie-ärmere Alternativen?	
Wie informiert sich der Betrieb - umweltbezogen - auf dem Verpackungsmarkt über neue Entwicklungen, alternative Materialien?	

	Welche Vorteile, welche Nachteile (Risiko) und welche Konsequenzen ergeben sich daraus für den Betrieb?
Wer ist für diese Informations-beschaffung im Betrieb ver-antwortlich und berichtet an wen?	
Darstellung im Organigramm möglich?	
Gibt es im Betrieb für den Materialeinkauf umweltbezogene Informationen, Entscheidungs-hilfen und Anforderungen?	
Ist die Verpackung von Werbe- und Kundengeschenken sowie Weihnachtspräsenten abfall-intensiv und/oder leicht zu entsorgen?	
Gibt es die Möglichkeit, die Verpackung zu ändern und so evtl. Herstellungskosten zu sparen und außerdem eine um-welt- und entsorgungsbe-wußtere Verpackung zu er-halten?	
Gibt es die Möglichkeit, Mehrwegverpackungen ein-zusetzen?	
Gibt es eine Produktstudie bzw. Kundenvereinbarungen, um evtl. auch ohne Verpackung auszukommen?	
Gibt es Rückmeldungen vom Handel über Käufer, die die Annahme von Verpackungen des Betriebes verweigern?	

Checkliste ROHSTOFFE	Welche Vorteile, welche Nachteile (Risiko) und welche Konsequenzen ergeben sich daraus für den Betrieb?
Welche Rohstoffverunreinigungen sind im Betrieb bekannt und ergeben sich aus den Produktionsprozessen beim Vorlieferanten, dem Transport bzw. der Lagerung?	
Welche Rohstoffverunreinigungen sind prinzipiell möglich und werden z.B. in der Rohstoff-spezifikation des Vorlieferanten genannt?	
Aus welchen Rohstoffbestand-teilen können im Produkt Ver-unreinigungen entstehen?	
Wie sind die Rohstoffe vorbe-handelt, z.B. im Sinne einer Konservierung?	
Werden die Rohstoffe nach dem Einkauf sachgerecht gelagert, gibt es Haltbarkeitsdaten?	
Kann die Rohstoffverpackung im Betrieb genutzt werden?	
Welche Rohstoff-Analysenzerti-fikate liegen vor?	
Wie kann das Umweltverhalten des Rohstoffes charakterisiert werden?	
Gibt es toxikologische Beurtei-lungen zu dem Rohstoff bzw. zu seinen Verunreinigungen?	
Welche umweltbezogenen Rohstoff-parameter läßt sich der Betrieb vom Vorlieferanten garantieren?	
Welche Rohstoffkontrollen macht der Betrieb?	

	Welche Vorteile, welche Nachteile (Risiko) und welche Konsequenzen ergeben sich daraus für den Betrieb?
Welche Rohstoffbestandteile belasten im Betrieb - Abwasser - Abluft - Luft am Arbeitsplatz - Abfälle?	
Wo kommt der Rohstoff in der Umwelt vor und wo findet er sich nach Gebrauch des Produktes in der Umwelt wieder?	
Wie energie-intensiv wurden die Rohstoffe hergestellt? Gibt es energie-ärmere Alternativen?	
Welche Schadstoffe werden bei der Rohstoffproduktion frei?	
Gibt es schadstoffärmere Rohstoffalternativen?	
Welches Umweltimage haben die eingesetzten Rohstoffe?	
Wer überwacht im Betrieb die - umweltbezogene - Rohstoffsituation und berichtet an wen? Darstellung im Organigramm möglich?	

Checkliste PRODUKTION	Welche Vorteile, welche Nachteile (Risiko) und welche Konsequenzen ergeben sich daraus für den Betrieb?
Welche Prozeßkontrollen während der Produktion nimmt der Betrieb produktbezogen vor?	
Sind während des Produktionsprozesses Produktkontaminationen, z.B. durch Schwermetalle bzw. Lösungsmittel, möglich?	
Welche umweltbezogenen Parameter werden in der Produktion ermittelt, welche nach der Produktion?	
Welche Produktionsbereiche bzw. welche Produkte tragen zu folgenden Abwasserschadstoffen bzw. Schadstoffgruppen bei: - Oxidierbare Stoffe (CSB) - Organische Halogenverbindungen (AOX) - Metalle und ihre Verbindungen (Hg, Cd, Cr, Ni, Pb, Cu) - Fischtoxizität?	
Ist die Produktion mit ausgesprochen intensiver Energieverwendung bzw. Lärm verbunden?	
Werden die Immissionsrichtwerte nach TA Lärm eingehalten? Wie oft wird dies überprüft?	
Welche innerbetrieblichen Schallschutzmaßnahmen bzw. Schutzmaßnahmen gegen Straßenverkehrslärm werden verwendet?	
Werden in der Produktion Fluorkohlenwasserstoffe verwendet?	
Kann der Betrieb den Energiebedarf bei der Produktion produktbezogen angeben? Gibt es evtl. energie-ärmere Produktionsverfahren?	

	Welche Vorteile, welche Nachteile (Risiko) und welche Konsequenzen ergeben sich daraus für den Betrieb?
Wie informiert sich der Betrieb über "umweltfreundlichere" Produkte und Produktionsverfahren? Wer ist hierfür verantwortlich und berichtet an wen? Darstellung im Organigramm möglich?	
Welche Einflußmöglichkeiten hat z.b. ein interner Umweltschutzbeauftragter auf Produkte und Produktion?	
Wie informiert sich der Betrieb über aktuelle "Umweltanforderungen", im Sinne von Schadstoffen, die sich in der Fach- bzw. öffentlichen Diskussion befinden? Gibt es eine Möglichkeit zur Sammlung betriebsinterner Verbesserungsanregungen in Sachen Umwelt?	
Wurde - unter Berücksichtigung der Tendenzen in der Fach- und öffentlichen Diskussion - eine produktbezogene Vorausschau versucht, die "zukünftige Umweltanforderungen" im vorhinein abschätzen könnte?	
Wie erhält der Betrieb Informationen der öffentlichen Meinung über Umweltaspekte des Produktes? Wie werden diese Informationen betriebsintern umgesetzt?	
Hat der Betrieb die Informationsmöglichkeit in Betracht gezogen, direkt mit alternativen bzw. ökologischen Gruppen über das Produkt bzw. die Produktion zu diskutieren?	
Welche umweltbezogenen Betriebsziele sind in bezug auf die Produktion vorgegeben?	

	Welche Vorteile, welche Nachteile (Risiko) und welche Konsequenzen ergeben sich daraus für den Betrieb?
Werden in der Produktion ionisierende Strahlen eingesetzt?	
Werden im Produktions- bzw. Laborbereich Radionuklide eingesetzt?	
Welche ergänzenden Vorschriften, Richtlinien, Weisungsbeschlüsse und Empfehlungen über die Strahlenschutzverordnung hinaus werden in der Produktion bzw. im Laborbereich angewandt bzw. eingehalten?	
Wie dokumentiert der Produktionsbereich Dosisgrenzwerte und Überwachungsmaßnahmen in Strahlenschutzbereichen?	
Sofern im Produktionsbereich mit ionisierenden Strahlen bzw. mit Radionukliden umgegangen wird: Welche Notfallschutzmaßnahmen bzw. Sicherheitsanalysen sind in der Produktion vorgesehen bzw. trainiert?	

Checkliste PRODUKTPARAMETER	Welche Vorteile, welche Nachteile (Risiko) und welche Konsequenzen ergeben sich daraus für den Betrieb?
Gibt es auf den Betrieb zutreffende umweltbezogene gesetzliche bzw. normative Parameter, die produktbezogen reglementiert sind? (z.B. DIN EN 7, Teil 3 für Spielzeuge)	
Auf welche Art, wie oft und mit welchen Resultaten überwacht der Betrieb diese Parameter?	
Gibt es einen betrieblichen Notfallplan bei Nichteinhaltung dieser Parameter?	
Gibt es zusätzliche innerbetriebliche, umweltbezogene Anforderungen an Produkte?	
Auf welche Art, wie oft und mit welchen Resultaten überwacht der Betrieb diese selbstgesetzten Parameter?	
Gibt es einen betrieblichen Handlungsplan bei Nichteinhaltung dieser selbstgesetzten Parameter?	
Wie wird die Aktualität der Information über die gesetzlichen Parameter sichergestellt?	
Wie werden die selbstgesetzten, umweltbezogenen Parameter aktualisiert?	
Gibt es Hinweise oder absehbare Tendenzen zu produktbezogenen Umweltparametern, die in Zukunft in der öffentlichen Diskussion unter verschärften Anforderungen betrachtet werden könnten? (z.B. erhöhte Erwartungen des Verbrauchers an die biologische Abbaubarkeit eines Produktes)	

	Welche Vorteile, welche Nachteile (Risiko) und welche Konsequenzen ergeben sich daraus für den Betrieb?
Gibt es Abschätzungen zur Wasser- löslichkeit, dem Dampfdruck, der aquatischen Toxizität sowie zum Abbauverhalten des Produktes?	
Sind Synergismen im Umweltver- halten des Produktes bekannt?	
Können Rückstände des Produktes bzw. Abbauprodukte in der Nah- rungskette verbleiben?	
Gibt es Abschätzungen zum Akku- mulationsverhalten bzw. zur Fettlöslichkeit des Produktes?	
Gibt es Hinweise oder absehbare Tendenzen zu produktbezogenen Umweltparametern, die in Zukunft gesetzlich oder normativ geregelt werden könnten?	
Wer verfolgt diese Hinweise und Tendenzen und wie wird die präventive betriebliche Umsetzung in Angriff genommen?	
Gibt es betriebliche Umwelt-Ziel- vorgaben für die Produktentwick- lung in Richtung: - Verringerung unerwünschter Produktparameter? - Vermeidung unerwünschter Produktparameter?	
Was macht der Betrieb, wenn Umwelt- schadstoffe im Produkt nur inkleinen bzw. geringen Anteilen enthalten sind?	
Was macht der Betrieb wenn sich Produktleistung und Umweltleistung des Produktes widersprechen?	
Welche Kriterien dienen in diesem Fall als Entscheidungskriterien?	

	Welche Vorteile, welche Nachteile (Risiko) und welche Konsequenzen ergeben sich daraus für den Betrieb?
Ist das Produkt nicht nur phosphat- und sulfatfrei, sondern auch phosphonat- und sulfonatfrei?	
Gibt es Produktbestandteile, die die Abbaubarkeit in der Klär- anlage beeinträchtigen bzw. den Klärschlamm belasten?	
Ist das Produkt nicht nur form- aldehydfrei, sondern auch frei von Formaldehydabspaltern?	
Fällt das Produkt unter das Gesetz über die Umweltver- träglichkeit von Wasch- und Reinigungsmitteln?	
Ist der Produktgebrauch mit möglichst sparsamem Wasser- und Energieverbrauch möglich und angezeigt?	
Ist das Produkt dosierbar bzw. mit Dosiervorrichtungen vorgesehen?	
Kann das Produkt auch verdünnt bzw. weniger konzentriert sinnvoll ein- gesetzt werden?	
Findet durch das Produkt eine Salz- befrachtung des Abwassers bzw. eine Abwassersäuerung oder ein Beitrag zur Eutrophierung statt?	
Gibt es Möglichkeiten einer Umwelt- schädigung bei nicht bestimmungs- gemäßer Verwendung des Produktes?	
Gibt es Abschätzungen zum Deponier- verhalten des Produktes?	

	Welche Vorteile, welche Nachteile (Risiko) und welche Konsequenzen ergeben sich daraus für den Betrieb?
Gibt es Abschätzungen zum Verhalten des Produktes bei der Entsorgung durch Verbrennung? Gibt es umweltfreundlichere Produktalternativen vergleichbarer Leistung auf dem Markt?	

Checkliste QUALITÄTSZIRKEL UND INFORMATIONSFLUSS	Welche Vorteile, welche Nachteile (Risiko) und welche Konsequenzen ergeben sich daraus für den Betrieb?
Inwieweit berücksichtigt der betriebsinterne Qualitätszirkel bzw. der Bereich Qualitätssicherung umweltbezogene Produktanforderungen?	
In welcher Weise werden die Informationen zu umweltbezogenen Produktanforderungen an den Zirkel herangetragen und wie gibt er die Informationen weiter?	
An wen berichtet der Qualitätszirkel und wer trifft die Entscheidungen zu etwaigen Produkt- bzw. Verpackungsänderungen? Darstellung im Organigramm möglich?	
Gibt es ein Umwelt-Feed-back über den Vertrieb und in welcher Weise ist es organisiert?	
Wie fließen Informationen aus umweltbezogenen Kundenreklamationen in den Qualitätszirkel mit ein?	
Inwieweit werden umweltbezogene Äußerungen und Publikationen von Verbraucherschutzorganisationen berücksichtigt?	
Gibt es produktbezogene Inspektions- und Probenahmepläne des Qualitätszirkels unter Umweltgesichtspunkten?	
Wie werden die Informationen aus den umweltbezogenen Inspektionen und Probenahmen dokumentiert?	

	Welche Vorteile, welche Nachteile (Risiko) und welche Konsequenzen ergeben sich daraus für den Betrieb?
Wo und wie werden die umweltbezogenen Produktanforderungen - aufbewahrt? - zur Diskussion gestellt? - ergänzt? - aktualisiert? - in einem Qualitätssicherungshandbuch dokumentiert und organisatorisch umgesetzt?	
Welche speziellen Produktanforderungen im Umweltbereich ergeben sich aus der Produkthaftpflicht?	
Gibt es im Betrieb Möglichkeiten zur Nutzung von geeigneten Umweltdatenbanken?	
Inwieweit werden umweltbezogene Produktanforderungen in Qualifizierungsmaßnahmen der Mitarbeiter mit eingeschlossen?	
Inwieweit werden umweltbezogene Produktstärken und -schwächen mit dem Marketing und Verkaufsbereich besprochen?	

Checkliste MARKETING UND VERTRIEB	Welche Vorteile, welche Nachteile (Risiko) und welche Konsequenzen ergeben sich daraus für den Betrieb?
Wie ist das Image des Betriebes in Umweltfragen?	
Welche Anstrengungen des Betriebes, umweltfreundlichere Produkte zu erzeugen, sind der Öffentlichkeit bekannt?	
Sind umweltbezogene Produktanforderungen im Firmenziel - verbal - organisatorisch - mit konkreten Zielvorgaben für den Bereich Marketing und Vertrieb verankert?	
Werden in den Gebrauchsanweisungen und Betriebsanleitungen des Produktes Umweltaussagen erläutert und im Zusammenhang mit der Produktleistung diskutiert?	
Werden die Umweltleistungen des Betriebes bzw. des Produktes von den Mitarbeitern mitgetragen und von der Führungsebene beispielhaft vorgelebt?	
Ergeben sich zwischen umweltbezogenen Werbeaussagen und den produktbezogenen bzw. betrieblichen Realitäten Diskrepanzen? Wer kontrolliert dies und wie?	
Wie ist das Image des Produktes in Sachen Umwelt?	
Mit welchen Umweltaussagen wirbt der Betrieb gegenüber welchen Zielgruppen?	
Mit welchen Umweltaussagen wirbt der Wettbewerb?	

	Welche Vorteile, welche Nachteile (Risiko) und welche Konsequenzen ergeben sich daraus für den Betrieb?
Wie kontrolliert der Betrieb den Erfolg der umweltbezogenen Werbeaussagen?	
Wie kontrolliert der Betrieb die Aktualität umweltbezogener Werbeaussagen?	
Gibt es eine Vertriebsunterstützung durch eine Umweltpräsentation des Produktes?	
Wurde eine produktbezogene Umwelt-Benefitliste für den Vertrieb erstellt?	
Gibt es eine interdisziplinäre, produktbezogene Umwelt-Stärken- bzw. Umwelt-Schwächen-Studie?	
Erfolgen kundenbezogene und betriebsinterne Dokumentationen auf Umweltschutzpapier?	

Betriebliche Umsetzung der Audit-Informationen

Die produktbezogenen Checklisten können im Gegensatz zu den anlagen- bzw. betriebsbezogenen Checklisten häufig nicht mit gesetzlichen Umweltvorgaben, manchmal jedoch mit freiwilligen Beschränkungen bestimmter Industrieverbände korreliert werden. Noch schwieriger ist es bei eher emotional gesteuerten Umweltanforderungen an Produkte, die nicht immer wissenschaftlich fundiert sein müssen.

Ein einfaches Audit im Sinne der Entscheidung:
- umweltgesetzliche Vorgaben erfüllt / nicht erfüllt
  und die Dokumentation von daraus abzuleitenden Konsequenzen ist im Falle des produktbezogenen Umwelt-Audits nur eingeschränkt möglich.

Wie kann der Betrieb sich trotzdem umfassend auf produktbezogene Umweltrisiken vorbereiten?

Durch rechtzeitige Beschaffung, Auswertung und optimale Umsetzung aller verfügbaren Umweltinformationen.

Ähnliches gilt für die Umweltdaten-Raster-Checklisten im Produktionsanlagenbereich für dieselbe Risikovorsorge und -minimierung:
ohne eine umfassende Informationsbasis können die Checklisten nicht ausreichend abgearbeitet werden.

Bezüglich der rechtzeitigen Beschaffung von Umweltinformation im Betrieb empfiehlt sich
- die konsequente Auswertung der neueren Umweltliteratur,
  der Veröffentlichungen der Umweltinstitute, der Umwelt-Testberichte sowie der umweltbezogenen Verbraucherschutzinformationen
- die Mitarbeit in umweltbezogenen Gremien der Industrieverbände und Behörden bzw. von privaten Organisationen und Vereinen
- die Mitarbeit in Umweltgremien, die sich im Erfahrungsaustausch mit anderen Betrieben befinden, z.B. Vereine und Organisationen wie "Future" oder "BAUM"

- die Schaffung von Zuständigkeiten und Verantwortlichkeiten zur Beschaffung und Nutzung der Umweltinformation.
- Dies kann eine Personalfunktion z.b. in Form eines Umweltbeauftragten sein, der direkt an den Betriebsvorstand berichtet und die Umweltinformationen mit einer Vorausschau auf betrieblichen Konsequenzen, soweit möglich, unterlegt. Diese Funktion kann aber auch ein betrieblicher "Umweltausschuß" übernehmen, in dem die umweltrelevanten Bereiche des Betriebes vertreten sind.
- die Einrichtung eines Anschlusses an eine umweltbezogene Datenbank, deren Informationen dem Betrieb bereichsspezifisch zur Verfügung stehen (z.B. UMPLIS, nähere Informationen beim Umweltbundesamt, Berlin)
- die Kontaktpflege und Nutzung des Wissens- und Anregungspotentials ökologischer bzw. alternativer Gruppen
- die Kontaktpflege zu unabhängigen und neutralen Instituten, Consultingfirmen und Audit-Anbietern sowie Nutzung deren umweltbezogenen Wissens- und Anregungspotentials

Die Auswertung der Umweltinformationen, die sich z.B. auch als Folge des Audits ergeben, kann sich an folgender Fragestellung orientieren:

Welche Nachteile (Risiken), welche Vorteile und welche Konsequenzen ergeben sich für den Betrieb aus den Umweltinformationen?

Die aus den Antworten auf diese Frage resultierenden Fakten, Einschätzungen und Analysen werden über die innerbetrieblichen Informations- und Entscheidungswege weitergegeben.

Da nicht jeder der Betriebsangehörigen, der Informationen beschafft, auch immer alle Antworten, Einschätzungen und Analysen geben kann, ist eine kompetente Informationssammelstelle, z.B. ein Umweltausschuß oder eine ähnliche Einrichtung, sinnvoll. In Fragen der Risikoabschätzung und Analyse kann von Fall zu Fall und problembezogen externes Know-how und Consulting hinzugezogen werden.

Dieser Umweltausschuß bzw. eine ähnliche betriebsinterne Einrichtung muß die Fakten, Einschätzungen und Analysen in entscheidungsfähiger Form der Betriebs- bzw. Unternehmensleitung zur Kenntnis bringen. Der Ausschuß sollte schon in der Auditphase beteiligt sein, sofern ein Umwelt-Audit bereits erfolgte.

Zwischen dem Umweltausschuß und der Betriebsleitung sollten keine weiteren Schnittstellen liegen, so daß Informations- und Zeitverluste minimiert werden. Deshalb ist es auch empfehlenswert, daß ein Mitglied der Betriebsleitung an den regelmäßigen Umwelt-Ausschußsitzungen teilnimmt.

Wenn Umweltschutz "Chefsache" ist, dann muß der Chef sich funktionstüchtige Umwelt-Informationsstrukturen in seinem Betrieb schaffen. Diese sind sicherlich, genauso wie die Einsetzung eines Umweltausschusses bzw. -beauftragten, kein Allheilmittel zum Risikoausschluß. Dies gilt natürlich auch für Auditlösungen mit betriebsinterner Beteiligung. Alle angestrebten und durchgeführten Lösungen müssen aber die Minimierung betrieblicher Umweltrisiken zum Ziel haben und darüber hinaus noch Vorbereitungen für Umweltinformations-Notfälle enthalten:

- einen Telefon-Notdienst zwischen den Mitarbeitern, dem Umweltausschuß und der Betriebsleitung
- Zugriffsmöglichkeit für die Betriebsleitung auf umgehende Umweltrechtsberatung, technische Beratung sowie eventuellen Analysenservice

Die vorliegenden Checklisten und Umsetzungsgedanken wollen sich auf das Umwelt-Audit
- anlagen- und betriebsbezogen
- produktbezogen konzentrieren, mit dem Ziel, betriebliche Umweltvorsorge und -Risikonminimierung mit geeignetem Instrumentarium im Betrieb zu unterstützen.

Wie ergeben sich für den Betrieb Möglichkeiten einer Risikominimierung und wie kann der Betrieb prinzipiell die Umsetzung der Umweltinformationen und deren Erfolgskontrolle anhand des Audit-Maßnahmenkataloges steuern?

Selbstverständlich ist jeder Betrieb durch eine Reihe von Faktoren einzigartig geprägt, z.B. durch Standort, Produktprogramm, Produktionsanlagen, Führungs- und Organisationsstrukturen, Personen, etc.

Eine "Patentanleitung", die für jeden Betrieb uneingeschränkt gültig ist, kann sicherlich nicht entwickelt werden. Alle Lösungsansätze und Vorgehensweisen sollen jedoch zumindest folgende Aspekte berücksichtigen, soweit nicht ohnehin schon durch den Gesetzgeber für bestimmte Betriebe Umweltanforderungen, wie z.B. die Einstellung eines Betriebsbeauftragten, vorgegeben sind:

- Definition von klaren Umweltschutz-Umsetzungsvorgaben der Geschäftsführung an die Betriebsbereiche und ihrer Mitarbeiter.
- Einführung eines verantwortlichen Beauftragten bzw. je nach Betriebsgröße eines Gremiums, z.b. eines "Umweltausschusses", der oder das die
  aktuellen Umweltinformationen zu Entscheidungsvorlagen für die Geschäftsführung "verarbeitet" und sich hierbei z.b. vom Audit-Team von
  Fall zu Fall und problemorientiert beraten läßt.
- Rückdelegation der Umsetzungsverantwortung und der Umweltvorgaben-
  kontrolle: soweit möglich, von der Geschäftsführung auf den Umweltausschuß bzw. auf einzelne Mitarbeiter.

Diese Aspekte werden modellhaft in folgendem Fließ- und Organisationsschema berücksichtigt:

Der Umweltausschuß
besteht aus Mitarbeitern
der Bereiche:

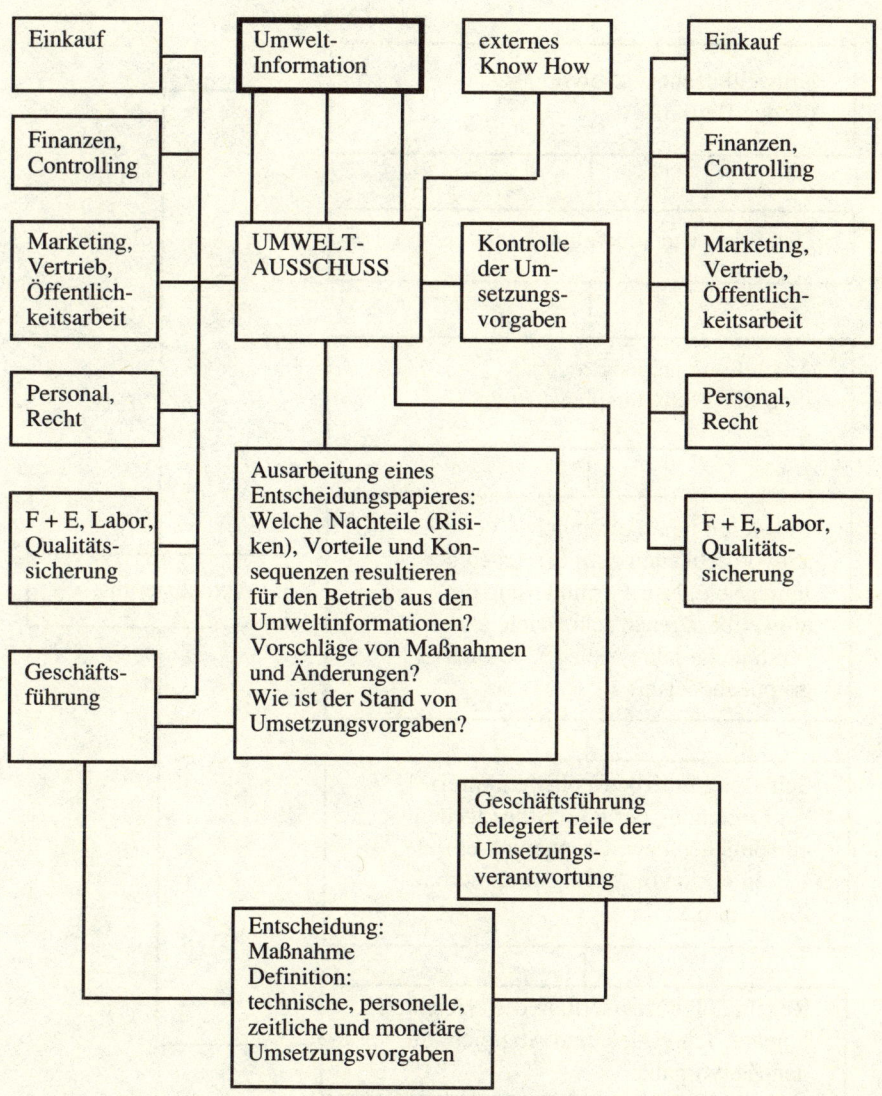

Zur betrieblichen Umsetzung der Umweltinformation ist ein umweltbezogene Zielvorgabe für den Betrieb, die in der Betriebsphilosophie mit verankert ist, ein weiterer wichtiger Aspekt. Diese Zielvorgabe kann z.B. als ein Mehr-Jahresplan mit konkreten Zuständigkeiten, Zeitplänen und Budgets sowie mit den notwendigen Erfolgskontrollen formuliert werden:

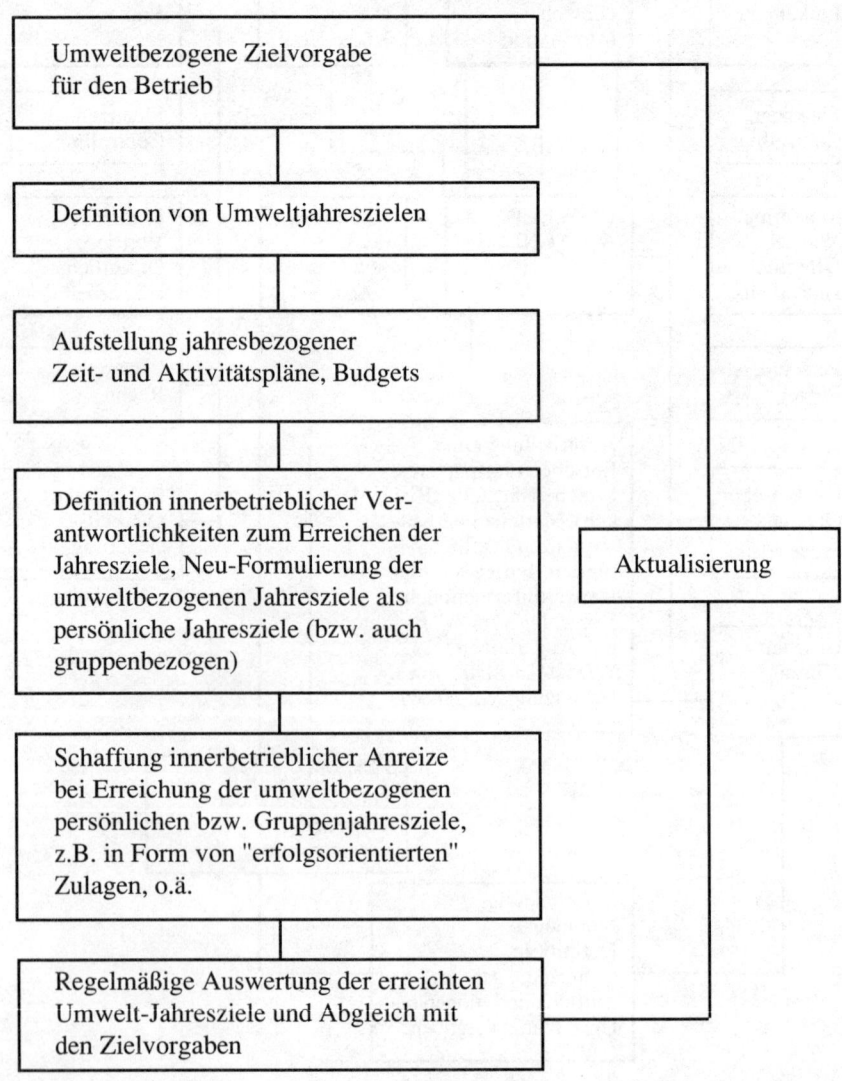

Umweltbezogene Zielvorgabe
für den Betrieb

Definition von Umweltjahreszielen

Aufstellung jahresbezogener
Zeit- und Aktivitätspläne, Budgets

Definition innerbetrieblicher Verantwortlichkeiten zum Erreichen der
Jahresziele, Neu-Formulierung der
umweltbezogenen Jahresziele als
persönliche Jahresziele (bzw. auch
gruppenbezogen)

Aktualisierung

Schaffung innerbetrieblicher Anreize
bei Erreichung der umweltbezogenen
persönlichen bzw. Gruppenjahresziele,
z.B. in Form von "erfolgsorientierten"
Zulagen, o.ä.

Regelmäßige Auswertung der erreichten
Umwelt-Jahresziele und Abgleich mit
den Zielvorgaben

Wie kann sich ein Betrieb realistische Umwelt-Jahresziele setzen?

Ein solches Ziel kann sich z.B. aus dem Audit-Maßnahmenkatalog ergeben oder allgemein sein:
- eine bestimmte Emission bis zu einem Zeitpunkt x um den Anteil y verringert zu haben
- einen bestimmten Abwasserparameter, z.B. den chemischen Sauerstoffbedarf "CSB" um ein Vielfaches zu verringern
- die biologische Abbaubarkeit oder die Fischtoxizität eines wasserlöslichen Produktes auf einen bestimmten Standard zu heben
- gefährliche Situationen im Rohstoff-Lager zu vermeiden, z.B. durch Lagererweiterung, Umbau oder Einbau zu
- sätzlicher Sicherungsmaßnahmen
- alle neuen Produkte ab einem bestimmten Zeitpunkt recyclingfähig zu machen und dem Verbraucher entsprechende Recycling-Konzepte anzubieten
- die Abwassergebühren bzw. Entsorgungskosten bis zu einem Zeitpunkt x um den Anteil y zu verringern
- die Lärmminderung an den Arbeitsplätzen auf den technisch möglichen Stand zu optimieren
- einen Umweltschutzbeauftragten mit Mitsprache- und Weisungsbefugnissen einzustellen und erfolgreich im Betrieb zu "verankern"
- einen Umweltausschuß im Betrieb einzurichten und ihm die notwendigen Informations- bzw. Entscheidungswege vorzubereiten
- umweltbelastende Produkte und Anlagen durch "umweltschonendere" bis zu einem bestimmten Zeitpunkt x zu ersetzen

Nach dem Formulieren von Zielvorgaben besteht das Problem dann darin, die Umwelt-Jahresziele auch im betrieblichen Alltag zu verwirklichen. Um dies zu erreichen, muß man unter anderem beachten, daß neben der Umwelt-Information auch die betriebliche Umwelt-Motivation jedes Mitarbeiters außerordentlich wichtig ist.

So kann z.B., analog einer gewinn-orientierten Erfolgsbeteiligung, der Versuch einer Umwelterfolgsbeteiligung vorgenommen werden, da die Minimierung eines betrieblichen Umweltrisikos mehr oder weniger offensichtlich die Gewinn-Maximierung eines Betriebes unterstützt.

Wie kann der Betrieb das Erreichen einer bestimmten umweltbezogenen Vorgabe monetär für eine Gruppe bzw. eine Person bewerten?

Das Maß der Umwelterfolgsbeteiligung kann sich an dem möglichen Umweltrisiko bei Nichteinhaltung der betrieblichen Zielvorgaben orientieren und sollte als Prämie im vorhinein festgesetzt sein.

Weitere begleitende Anreize ergeben sich aus den betriebsspezifischen Umwelt-Qualifizierungsmaßnahmen. Geeignete Qualifizierungsmaßnahmen sind ein unterstützendes Instrument der betrieblichen Umsetzung der Umweltinformation, denn der Betrieb als "Kette" ist so stark wie sein schwächstes "Umwelt-Kettenglied".

Eine der einfachsten Qualifizierungsmaßnahmen ist die Teilnahme an umweltbezogenen Tagungen, Kongressen und Seminaren. Da das Angebot diesbezüglich mittlerweile immer größer und somit auch unübersichtlicher wird, ist es nicht immer leicht, das Richtige herauszufinden.

Bei der Auswahl von Seminaren etc. sollte deshalb u.a. folgendes beachtet werden:
Ist die jeweilige Qualifizierungsmaßnahme auch betriebsspezifisch, bzw. mindestens branchenspezifisch ausgerichtet und werden die Mitarbeiter des Betriebes praktisch in den Ablauf des Seminars sowie in seine Thematik mit einbezogen?

Weiterhin sollten die Qualifizierungsmaßnahmen auf der Erfahrungsbasis eines auch in der betrieblichen Umsetzungspraxis tätigen Consulting-Teams stattfinden. Als Inhalt der Qualifizierung sind z.B. Planspiele bzw. Fallstudien sinnvoll, an denen der Mitarbeiter die Umsetzung umweltbezogener Zielvorgaben trainieren kann.

In solchen Fallstudien kann z.B. als Inhalt ein konkretes umweltbezogenes Ziel des Betriebes gewählt werden, um so die Mitarbeiter besser auf die eigenen Umsetzungsprobleme vorzubereiten und für die Zukunft eventuelle Planungsfehler im Umweltbereich zu vermeiden.

Eine Anleitung zur Risikominimierung und -vorsorge in der Betriebspraxis sollte aktuell sein und bleiben. Die Checklisten, Ablaufpläne und Fließschemata sind daher stets den umweltpolitischen Gegebenheiten anzupassen. Eine immer umfassender und unübersichtlicher werdende Umweltgesetzgebung vergrößert das Risiko des Betriebes, unbeabsichtigte Gesetzesverstöße aufgrund von Unwissenheit zu begehen bzw. Umweltanforderungen nicht zu erfüllen.

Es gilt, Umweltschadensfälle nicht erst nach dem Schadensereignis aufzuarbeiten, sondern sie im vorhinein zu vermeiden.

Hierzu braucht der Betrieb eine Anleitung, um die Umweltrisiken zu minimieren und betriebsbezogene Maßnahmenkataloge präventiv umsetzen zu können. Es ist dem Umwelt-Audit zu wünschen, daß es sich als betriebliches Vorsorgeinstrument durchsetzt und den Betrieben für ihre aktuellen Probleme auf breiter Basis zur Verfügung steht.

Literaturverzeichnis

Cahill, L.B. (Editor): Environmental Audits. Rockville, Maryland, USA: Government Institutes Inc.

Edelhoff: Der Abfall, die Sorgen des Entsorgers. Iserlohn: Edelhoff-Hauptverwaltung.

Gückelhorn, H., Steger, U. (Hrsg.): Umwelt-Unternehmen- Haftung, Strategien zur Bewältigung eines Schlüsselthemas. Landsberg: Ecomed-Verlag.

Hauptmanns, U., Herttrich, M., Werner, W.: Technische Risiken, Ermittlung und Beurteilung. Berlin-Heidelberg-New York: Springer-Verlag.

Hoppe, W., Beckmann, M.: Umweltrecht. München: Beck-Verlag.

Malle, K.-G.: Bewertung der Umweltrelevanz in der betrieblichen Praxis. Weinheim: Nachrichten aus Chemie, Technik und Laboratorium, Vol. 38, No. 1.

Sietz, M., Michahelles, R. (Hrsg.):   Umwelt-Checklisten für Manager. Taunusstein: Blottner-Verlag.

Sondermann, W.D.: Umweltrechtliche Zulassung für Sanierungsanlagen in Jessberger (Hrsg.), Erkundung und Sanierung von Altlasten , Rotterdam: Balkema

Sondermann, W.D.: Beschleunigung umweltrechtlicher Zulassungsverfahren in VDI-Berichte 789 (1989)

Spinnarke, J. (Hrsg.): Handbuch Risk-Management. Heidelberg: Decker's Verlag

Stahlmann, V.: Umweltorientierte Materialwirtschaft - Das Optimierungskonzept für Ressourcen, Recycling, Rendite. Wiesbaden: Gabler-Verlag.

Vogl-Heigl-Schäfer (Hrsg.): Handbuch des Umweltschutzes. Landsberg: Ecomed-Verlag.

Winter, G.: Das umweltbewußte Unternehmen. München: Beck-Verlag.

Sachregister

Abfallvermeidung durch kommunale Verpackungsabgaben

Rechtliche Möglichkeiten und Grenzen

von Wolfgang Köck und Matthias von Schwanenflügel

Schriften des Instituts für Umweltrecht (IUR). 1990. 112 Seiten. Format 15 x 21 cm.
Kartoniert DM 49,– / ISBN 3-89367-015-7

Dargestellt und geprüft werden das gemeindliche Abgabenerhebungsrecht unter Berücksichtigung der Vorgaben des Abfallgesetzes und die Zulässigkeit kommunaler Getränkeverpackungsabgaben (Steuern und Vorzugsleistungen). Dabei geht es ausschließlich um kompetenzrechtliche Probleme.

Es werden die Möglichkeiten der Erhebung einer Verpackungssteuer beim Händler behandelt. Anschließend werden die Möglichkeiten der Gemeinden und Landkreise für die Erhebung solcher Gebühren und Beiträge erörtert. Weiterhin wird auf Alternativen zur Erhebung von Abgaben beim Kauf von Einweggetränkeverpackungen eingegangen. Das für Behörden, Abfallwirtschaft, Kommunalpolitik, Industrie und Handel wichtige Buch enthält praxisnahe Informationen und Handlungshinweise.

Ökologisierung kommunaler Abgaben

Abfall- und Abwassergebühren als Instrument der Umweltpolitik

von Frank Chantelau und Ulf-Henning Möker

Schriften des Instituts für Umweltrecht (IUR). 1989. 144 Seiten. Format 15 x 21 cm.
Kartoniert DM 66,– / ISBN 3-89367-010-6

Es werden die kommunalen Benutzungsgebühren in Abgrenzung zu anderen Abgabearten sowie die wesentlichen gebührenrechtlichen Grundsätze und Fragen des kommunalen Satzungsrechts behandelt. Besondere Bedeutung erhält dabei das nach betriebswirtschaftlichen Grundsätzen und unter Finanzierungsaspekten zu ermittelnde Gebührenaufkommen. Es geht um Errichtungs- und Verbesserungsinvestitionen sowie um die laufenden Betriebskosten umweltrelevanter Anlagen. Aber auch um die Verteilung des Gebührenaufkommens, um Gebührenmaßstäbe und die Tarifgestaltung.

Bestehende Satzungen für die Beseitigung von Hausmüll und hausmüllähnlichen Gewerbeabfällen sowie Abwässersatzungen werden analysiert und daraus konkrete Alternativvorschläge für deren „Ökologisierung" entwickelt.

EB EBERHARD BLOTTNER VERLAG
Fachbücher für wirksamen Umweltschutz · 6204 Taunusstein

Stoffprüfung im Chemikalienrecht

Kritische Darstellung der gesetzlichen Regelungen über stoffbezogene Prüfungen und Angaben

von Prof. Dr. jur. Klaus Bosselmann und Dr. rer. nat. Wolfgang Linden

Schriften des Instituts für Umweltrecht (IUR). 1989. X, 150 Seiten. Kartoniert DM 63,– / ISBN 3-89367-009-2

Hier stehen neue, richtungweisende Ergebnisse aus umfangreichen Ermittlungen und Bewertungen zur Verfügung, die aus naturwissenschaftlicher und juristischer Sicht von besonderer und vielseitiger Bedeutung sind!

Veranlaßt wurde dieses wichtige neue Buch im Auftrage des Umweltbundesamtes. Aufgabe war es, die im Stoffrecht enthaltenen Regelungsunterschiede bei den Stoffangaben und Prüfungen darzustellen und in übersichtlicher Form zu kennzeichnen.

Folgende Stoffgesetze (sowie Ausführungsbestimmungen) wurden untersucht: die Gesetze für Chemikalien, Pflanzenschutz, Düngemittel, Arzneimittel, Wasch- und Reinigungsmittel, Bezinblei sowie das Nahrungsmittel- und Futtermittelrecht, Sprengstoffrecht und das Recht über die Beförderung gefährlicher Güter. Außerdem die folgenden Umweltgesetze: Abfallgesetz, Atomgesetz, Wasserhaushalts- und Abwasserabgabengesetz, Bundesimmissionsschutzgesetz.

Zum Inhalt:
Rechtliche Rahmenbedingungen für die Kontrolle chemischer Stoffe (Kodifizierung des Stoffrechts. Leit- und Ergänzungsfunktion des Chemikaliengesetzes und Stand der Novellierungsarbeiten)
Gesetzliche Regelungen über Stoffe und stoffbezogene Prüfungen (dargestellt werden die in den o. g. Gesetzen erfaßten Stoffgruppen in ihrem Verhältnis zum Chemikaliengesetz nach Begriffsbestimmungen sowie prüfungs- und angabenbezogenen Regelungen)
Anforderungen an stoffbezogene Angaben und Prüfungen (für die gleichen Stoffgruppen werden Prüfungsinhalte und damit verbundene toxikologische und ökotoxikologische Probleme aufgezeigt).
Übersichtstabellen (welche Angaben und Prüfnachweise sind nach den jeweiligen Fachgesetzen vorgeschrieben oder evtl. notwendig)
Auswertung (es geht hier um die Kennzeichnung und Bewertung wesentlicher Gemeinsamkeiten oder Unterschiede der Stoffprüfungen sowie um neuere Entwicklungen im Bereich der Ökotoxikologie)

 **EB EBERHARD BLOTTNER VERLAG**
Fachbücher für wirksamen Umweltschutz · 6204 Taunusstein